KB261382

치유사례를 통한 Q.T.

성령님과 함께하는 40일간의 치유 여행

김응렬 목사

나침반

성령의 기름 부으심이
강력하게 나타나기를!

인생을 살아가는데 있어서 구원 받는 일만큼 중요한 일은 아무 것도 없다. 구원을 받는다는 말은 영이 죽어 있는 상태에서 영이 살아나는 것을 말하며 이 일은 전적으로 하나님의 은혜로 이루어진다. 한 영혼이 구원을 받을 때 그의 일생 안에서는 엄청난 역사가 일어나게 된다. 영혼의 상태가 바뀌고 신분이 바뀌며 내적인 변화가 일어난다. 이 때 치유가 일어나기도 한다.

예수님의 사역을 보면 육체의 치유와 영적인 구원이 대부분 연결되어 있음을 볼 수 있다. 이 두 영역은 서로 구별되는 영역이기도 하지만 불가분의 관계에 놓여져 있다.

예수님께서는 공생애 기간 동안 세 가지 사역에 집중을 하셨다. 가르치고 전파하고 치유하시는 사역이었다. 그 중에서도 치유 사역은 70% 정도나 된다.

필자는 20대 중반에 시골교회를 담임하는 전도사로 단독목회 사역을 시작하면서 여러 영적인 경험들을 하게 되었다. 치유사역은 1983년부터 시작되었다. 아니 치유사역이라고 표현하기보다는 미숙한 목회경험이라고 표현함이 옳을 듯 싶을 정도다. 하지만 그것이 계기가 되어 많은 고민을 하면서 치유사역을 하게 되었고 그로부터 15~16년을 씨름하면서 하나님께로부터 치유 매뉴얼을 받게 되었다. 치유를 처음 시작할 당시만해도 한국 교회는 치유사역에 대하여 많은 오해를 가지고 있었던 것 같다. 필자도 치유사역에 대하여 무지했고 누구도 치유사역에 대하여 바르게 안내해 주지를 못하였다. 신학교에서는 치유사역에 대하여 금지령이 내려지는 듯한 분위기였고 그래서 드러내 놓고 이야기조차 하기 어려웠다. 그러나 지금 생각해보니 그것이 얼마나 잘못된 것인지를 깨닫게 되었다. 치유사역은 모든 교회, 모든 목회자, 모든 성도가 해야 하는 것임을 알게 되었기 때문이다.

이 책은 치유사례집이다. 여기서 일어났던 역사들을 통하여 은혜를 나누기 원하는 분들은 주 교재인 『C.O.T. 강력치유훈련 Ⅰ, Ⅱ』를 통해 훈련 받기를 바란다. 여기서 밝혀 두고 싶은 것은 치유는 전적으로 하나님께서 하시는 일이며, 하나님께서는 치유사역자의 의지와 상관없이 일하신다는 것이다. 모든 역사들은 필자를 도구로 하나님께서 전적으로 하신 일임을 밝혀 두는 바이다.

기억을 다 할 수 없을 만큼 많이 치유되었지만 치유가 안 된 경우도 있었다. 때로는 치유를 받고도 가시가 되는 경우도 있었다. 그러므로 치유사역자에게 있어서 중요한 것이 많지만 그 중에서 중요한 것을 말하라고 하면 첫째도 겸손이요 둘째도 겸손이요 셋째도 겸손이다라고 말해야 할 것이다.

이렇게 하나님의 역사하심을 글로 내놓는 일이 한 편으로는 사명감처럼 느껴지기도 하지만 한 편으로는 두렵고 떨리는 마음이 많다. 혹시라도 오해가 일어나지는 않을까 하는 염려 때문이다.

치유사역을 하는 분들은 자칫 잘못된 생각에서 하나님의 영광을 가로채는 무모한 일을 저지르지 말아야 한다. 지금까지 사탄의 계략으로 인하여 많은 사람들이 사역을 하다 불행을 겪었던 사례가 많다. 치유는 오직 하나님께서 하신다.

이 책을 새벽특별집회나 특별기도회 때에 사용한다면 좋은 결과가 있으리라 기대한다. 필자도 기도했지만 주위의 많은 분들의 기도와 관심이 있었기에 성령의 기름부으심이 강력하게 나타날 것을 기대한다. 아무쪼록 한국교회 뿐 아니라 전세계의 기독교 교회들이 이 책을 통해 힘을 얻고 교회가 부흥되는데 한 몫 하기를 간절히 기도한다. 할렐루야!

필자 김웅렬 목사

차례

치유 여행 1일

귀신이 쫓겨나다

년   월   일   새벽 / 저녁

마가복음 5장 1-20절을 읽고, 깨달은 바를 간단하게 기록하십시오.

본문은 예수께서 거라사인의 지방에서 행하신 일로 귀신을 쫓아내신 사건이 기록되어 있다. 영적 세계를 다스리시는 주님의 능력을 보여주신 사건이다. 주님은 만물의 주인이시다. 그러므로 모든 만물이 그 분께 순종을 할 수 밖에 없다. 우리도 예수님처럼 귀신을 쫓아내는 성도가 되어야 한다. 귀신을 쫓아내려면 권능을 받아야만 한다. 마가복음 9장29절에서 예수님께서는 기도 외에 다른 것으로는 이런 종류가 나갈 수 없다고 말씀하셨다. 치유 사역자가 되기를 원하는 분들은 하루에 적어도 3시간 이상 기도를 하도록 노력하는 것이 좋다. 물론 시간만 때우는 기도를 말하는 것이 아니다. 충분한 기도시간을 가지라는 말이다. 능력이 입히울 때까지 예루살렘을 떠나지 않고 마가요한의 다락방에 모여 기도했던 120명의 성도들처럼 기도해야 한다.

　추웠던 1982년의 겨울이 지나고 83년 봄이 왔다. 들에는 아직 봄꽃을 보기에는 이른 3월의 어느 날이었다. 언덕 너머 마을에 정신이상이 된 아주머니 한 분이 있다는 소문을 듣게 되었다. 그 가정은 8남매의 자녀를 두었었는데 큰 아들은 어렸을 때 동네 공동우물에 빠져 목숨을 잃었고 막내아들은 마을 앞 논에 있는 웅덩이의 얼음 위에서 놀다가 얼음이 깨지면서 익사를 하는 바람에 충격을 견디지 못하고 정신이상이 되고 말았다고 한다. 아이 생각에 음식을 전폐하고 울다 울다 지치면 잠들고 잠이 깨면 견딜 수 없어 집을 뛰쳐나가는 행동을 반복했다. 사탄이 그 여인을 장악하고 있으므로 정상적인 삶을 살 수 없는 처지가 되고 만 것이다. 그러는 와중에 남편과 큰 집 식구들이 의논한 끝에 아래 동네 할머니 무당을 데려다가 두 번 씩이나 굿을 하여 설상가상 집안은 빚더미에 올라앉게 되었고 가정이 파탄지경에 이르게 되었다. 필자 일행이 그 가정을 방문했을 때 마침 환자가 집에 들어와 누워 있는 상태였다. 집은 조용했고 불러도 아무 대답이 없어 조심스럽게 문을 열어 보니 두꺼운 솜이불을 덮은 채 한 사람이 누워 있는 것이 보였다. 환자였다. 집안은 어수선했고 방은 어두컴컴하였다. 조심스럽게 위로하며 교회에서 나왔다고 밝히고 예수님을 믿자고 권하자 힘없는 목소리로 "그럴 수 없다."고 하였다. 그 이유는 자신은 절에 다니고 있고 가족들 이름도 절에 올려놓았으며 보살이 시주를 하러 집으로 오기 때문에 안 된다는 것이었다. 그러나 예수님을 믿어야 살 수 있다고 권면하자 이번에는 "절에 다니다 교회에 다니면 집안이 뒤집히기 때문에 안 된다."고 하였다. 계속 설득한 끝에 겨우 수긍을 받고 예배를 드렸다. 환자는 정신이 들락날락하므로 스스로 예배에 참석할 수 없는 형편인데다 예배에 불참하여 성도들이 집으로 예배를 드리러 가면 이미 사라져 없는 날이 많았다. 그러던 중 수요예배를 드리고 온 성도가 합심하여 기도한 후 의자에 눕혀 놓고 눈을 뜨게 한 후 그 영혼을 사로잡고 있는 악한 영을 향하여 예수님의 이름으로 떠날 것을 명령하였다. 처음에는 아무런 반응이 없었으나 찬송을 부르고 통성으로 기도를 하고 계속 명령을 하자 반응이 오기 시작했다. 처음에는 "안 떠난다."는 말을 하였으나 더욱 합심하여 기도하고 명령을 하자 악한 영은 떠난다는 말과 함께 환자에게서 빠져 나갔고 환자의 입에서 거품이 쏟아져 나오면서 고침을 받게 되었다.

이렇게 첫번째 사역이 시작되었다. 할렐루야!

1. 본문을 통해 귀신을 쫓아내는 일에 대하여 어떠한 생각을 가지게

되셨습니까?

2. 이 사건을 보면서 하나님 앞에서 뉘우치고 고백해야 할 일은 무

엇입니까?

3. 치유사례를 통해 얻는 교훈은 무엇이며 앞으로 어떠한 삶을 계

획하십니까?

적용과 실천

오늘의 기도

병든 자를 위하여 기도하라

년   월   일   새벽 / 저녁

야고보서 5장 14-16절을 읽고, 깨달은 바를 간단하게 기록하십시오.

병든 자를 위하여 기도하는 일은 하나님의 자녀들에게 주신 놀라운 특권이다. 하나님의 자녀는 언제 어디서나 하나님께서 주신 은사를 따라 병든 자들을 치유해 줄 수 있어야 한다. 그러나 본문을 보면 치유는 치유사역을 하는 사역자만의 노력으로 이루어지는 것이 아니고 치유를 받을 사람의 요청이 있어야 함을 말씀하고 있다. 즉 병든 자는 훈련 된 치유사역자의 도움을 요청해야 하고 치유사역자는 성령의 능력으로 치유해야 한다.

믿음의 기도는 병든 자를 구원 받게 한다. 주님께서는 믿음으로 기도하는 자들의 기도를 들으시고 병든 자들을 일으켜 주신다. 죄를 범하였을지라도 용서 받게 된다. 그러므로 죄를 서로 고백하여 용서함을 받고 의롭게 된 상태에서 기도하므로 응답을 받도록 해야 한다.

두 아이를 잃고 정신이상과 함께 귀신들림을 치유 받은 교인은 온 몸이 종합병원이라 할 만큼 건강이 좋지 않았다. 귀신들림을 치유 받은 후 오랜 기간 동안 앓아온 위장병을 위해서 기도를 부탁해 왔다.

그래서 그것을 놓고 기도를 하기 시작하였다.

그런데 얼마 후 환자는 그토록 오랜 세월동안 고통을 느껴오던 위장병 증세가 깨끗하게 사라졌으며 치유가 되었다고 고백을 하였다.

당시만 해도 치유에 대한 경험이 없었으므로 내 자신이 쉽게 받아 들여 지지 않았다. 하지만 그 후로 그 여인에게서 위장병 증세는 더 이상 나타나지 않았다. 그러므로 우리를 긍휼히 여기시는 하나님께서 하신 일이라는 사실을 깨닫게 되었다.

이 일 후에도 그 여인은 계속 기도를 요청해 왔고 불면증과 어깨 결림 등 다양한 병이 치유되었다.

1. 위의 내용을 볼 때 하나님은 어떤 분이라고 생각하십니까?

2. 치유사역을 경험한 적이 있습니까?

3. 치유사역을 믿는다면 나는 어떻게 해야 한다고 생각하십니까?

적용과 실천

오늘의 기도

믿음으로 행하라

년   월   일   새벽 / 저녁

마태복음 17장 14-20절을 읽고, 깨달은 바를 간단하게 기록하십시오.

한 사람이 자신의 귀신 들린 아들로 인하여 예수님께 찾아와 고쳐 주시기를 간구하였다.

그는 먼저 예수님의 제자들에게 고쳐 주기를 바랐으나 그들이 하지 못했다고 말했다.

예수께서는 믿음이 없고 패역한 세대를 인하여 탄식하시고 그 아이를 고쳐주셨다. 이 일 후에 제자들이 예수님께 조용히 찾아와 자신들은 왜 그 일을 할 수 없었는지를 여쭙자 예수께서는 믿음이 작은 까닭이라고 말씀하셨다.

그렇다. 만물의 창조자이시며 자신을 지으신 분을 믿지 않는데 주님께서 어떤 역사를 나타내 주시겠는가? 그러므로 주님을 믿어야 한다. 믿을 때 주님께서 크게 역사하신다. 하나님께서는 믿음을 통하여 큰일을 행하는 길을 열어 놓으셨다.

정신병이 치유되다 – 노○○

흔히 그렇지만 정신병을 앓고 있는 사람들은 불면장애나 우울
증 자폐증 공황장애 환청 등이 수반되는 경우가 많다. 그리고 이
렇게 허약해진 상태에서 사탄이 역사를 하게 된다. 우리 부부가
결혼을 하고 얼마 안 되었을 때 노부부가 양봉을 할 양으로 교회
근처 동네로 이사를 오셨다. 그 노부부에게는 자녀가 여럿이 있었
는데 막내딸이 전남대를 다니다가 정신병을 앓게 되었고 노부부
는 이 병을 고치기 위해 온갖 방법을 다 써 보았지만 결국은 증세
가 악화되면서 막내딸은 학업을 포기하게 되었고 있던 집도 팔아
병원비로 썼지만 결국은 고치지 못하고 우리 동네로 이사를 오게
된 것이다. 그리고 그 집은 이 딸로 인하여 결국 부모님이 하나님
께 항복하고 예수님을 믿게 되었다.

필자가 처음 그녀를 보았을 때 그녀는 심한 우울증에다 환청
을 듣고 있었다. 그녀는 그 환청에 따라 행동을 하였다. 때로는 자
신이 입고 있던 옷을 벗어 불쌍한 사람을 만나면 입혀 주고 신을
벗어 주고 맨발로 집으로 돌아오기도 했다. 이유인즉 자신이 대통
령이기 때문에 그렇게 했다고 한다. 그러한 그녀가 상태가 심해지
면 시도 때도 없이 집을 나가기 때문에 집안형편은 말이 아니었

다. 그 때만 해도 필자는 심방을 위해 오토바이를 타고 다녔기 때문에 새벽에도 연락을 받으면 출동을 해야 했다. 그야말로 군대용어로 말하면 5분 대기조처럼 생활해야 했다. 그녀의 어머니도 딸로 인해 우울증 증세를 앓고 있었지만 딸 때문에 병원에 다닐 엄두조차 내지 못했다. 필자는 환자를 수없이 상담해 주었고 증세는 점차 호전되기 시작했다. 그러나 지금 생각해보면 만약 그 때 지금 같은 치유 메뉴얼이 있었다면 얼마나 좋았을까 하는 생각을 떨쳐 버릴 수 없다. 그녀에게는 남편이 있었는데 키가 작고 체격이 왜소했지만 착하고 성실하고 인내심도 많은 사람이었다. 부모님의 말에 의하면 딸이 정상인이 아니므로 딸을 위로해주고 보호해줄 사람으로 적당하여 붙여 주었다고 한다. 두 사람에게는 아이가 없었다. 아니 정확히 말하면 병 때문에 아이를 낳지 않았던 것이다. 그런데 환자는 아이를 무척이나 갖고 싶어 했다. 그러나 낳을 수 없다는 것을 잘 알고 있었기 때문에 병을 고침 받을 때까지 낳지 않기로 했다고 하였다. 그렇게 거의 치유가 되어 가고 있던 중에 그 가정이 이사를 하게 되어 더 이상의 치유를 할 수 없게 되었다. 아쉬웠지만 하나님께서 거기까지만 허락하신 것이다. 그 가정은 최근 수지에서 살고 있고 가끔 연락이 오고 있다.

1. 위의 내용을 볼 때 하나님은 어떤 분이라고 생각하십니까?

2. 감당하기 어려운 고난을 당해 보신 적은 언제였습니까?

3. 고난을 당했을 때 어떻게 대처하셨습니까?

적용과 실천

오늘의 기도

하나님의 주권을 알라

년   월   일   새벽 / 저녁

시편 107편 23-31절을 읽고, 깨달은 바를 간단하게 기록하십시오.

온전한 믿음을 갖기를 원하시는 하나님의 뜻과는 달리 사람들은 불완전한 믿음으로 세상을 살아간다. 그래서 하나님께서는 성도들에게 고난이라는 도구를 사용하사 믿음을 갖도록 하실 때가 있다.

본문을 보면 하나님께서는 때로 바다에 광풍을 보내셔서 사람들로 하여금 하나님을 간절히 찾게 하실 때가 있음을 말씀하고 있다.

사람들은 불가항력적인 일들을 통해서 하나님을 간절히 찾게 되고 하나님을 만나는 경험을 하게 된다.

사람들은 이러한 경험을 갖게될 때 하나님의 전능하심을 알뿐 아니라 응답의 기쁨도 누리게 된다.

80년 후반쯤으로 기억이 난다. 봄대심방 기간이어서 대동부락 심방을 마치고 걸어서 교회로 돌아오는 데 한 교우의 집에 들르고 싶은 감동이 왔다. 그래서 발걸음을 돌려 집에 들렀더니 괴로워하고 있었다. 이유인즉 배에 가스가 차 밥을 먹지 않아도 속이 더부룩하고 배가 아프다는 것이었다.

기도를 해주고 돌아 왔다. 그리고 잊고 주일을 맞게 되었다.

예배가 끝나고 인사를 나누며 어떠냐고 물었다. 그러자 기도를 받고 난 후 증세가 없어졌다고 말했다. 그래서 "할렐루야!" 했더니 그런데 하나님께서 고쳐 주셨는지 아닌지를 잘 모르겠다고 말한다. 기도하고 나았으면 하나님께서 고쳐 주신 것이라고 말하자 고개를 갸우뚱하며 집으로 돌아 갔다. 그런데 그 다음 날 새벽에 나오지도 않던 그녀가 새벽기도엘 나왔다. 주일 날 그 말을 하고 돌아가서 다시 배가 아프기 시작하였다고 기도를 해달라고 하는 것이다. 그래서 의심하지 말라고 말하고 다시 기도를 해주었는데 그 시로 깨끗이 고침을 받게 되었고 지금까지도 이상이 없다. 하나님은 의심하는 자를 다양한 방법으로 훈련을 시키시는 것을 보게 되었다.

1. 본문을 볼 때 하나님은 어떤 분이라고 생각하십니까?

2. 치유사역을 믿고 있습니까?

3. 자신이 준비해야 할 것은 무엇이라고 생각합니까?

적용과 실천

오늘의 기도

찾아서 치료하시는 주님

년   월   일   새벽 / 저녁

누가복음 17장 11-19절을 읽고, 깨달은 바를 간단하게 기록하십시오.

예수님은 고통당하는 자들이 누구인지를 잘 알고 계신다. 본문을 보면 예수님께서는 당시 사람들이 가기를 꺼리는 지역이었던 사마리아 지역을 지나가셨음을 기록하고 있다. 그 곳에는 열 명의 나병환자가 있었다. 그들이 집단으로 모여 있었던 점으로 보아 그 곳은 나환자촌이 아니었나 생각된다. 그렇다면 더더욱이 보통 건강한 사람이 갈 수 없는 곳이었음에도 예수께서는 그 곳을 가셨다. 그 이유는 바로 그 곳에 구원 받을 한 영혼이 있었기 때문이다. 열 명의 나환자는 다 각기 치유 받기를 원했다. 예수님께서는 그들 모두를 고쳐주셨다. 하지만 그 중 한 사람만이 영혼까지 구원을 받을 수 있었다. 그 한 사람을 위해 예수께서는 기꺼이 그 수고를 담당하신 것이다.

치료 되다 – 신OO 서리집사

가스 차는 병을 앓던 여인이 어느 덧 서리집사가 되어 심방대원으로 따라 다니게 되었다.

봄대심방이 되어 어느 연세 많으신 집사님 댁에 심방 차례가 되어 예배를 드렸다. 그런데 서리집사의 얼굴에 고통스러운 빛이 역력했다. 예배를 마치고 나자 그 여집사는 연세 많으신 집사님에게 진통제가 있느냐고 묻는다. 궁금하게 생각이 되어 왜 그러느냐고 묻자 얼굴을 붉히며 말을 하지 못한다.

아내가 눈치를 채고 생리통 때문에 그런다고 귀띔해 준다. 그래서 심방 예배를 통해 은혜를 많이 받았으니 하나님께 기도하여 고침을 받으면 된다고 선포하고 머리에 손을 얹고 기도를 해 주었다. 그리고 그 시로 10대 때부터 앓아 오던 생리통은 씻은 듯이 사라지고 말았다. 할렐루야!

종 종 느끼는 일이지만 심방 대원으로 하루 종일 말씀을 듣고 믿음이 생긴 분들이 기도를 통해 치유되는 경우를 본다.

하나님께서는 말씀을 통해 믿음을 자라게 하신다.

1. 본문을 볼 때 하나님은 어떤 분이라고 생각하십니까?

2. 하나님께서 왜 고난을 주신다고 생각하십니까?

3. 고난이 올 때 어떻게 해야 한다고 생각하십니까?

적용과 실천

오늘의 기도

쓴 물이 달게 되다

년   월   일   새벽 / 저녁

출애굽기 15장 22-27절을 읽고, 깨달은 바를 간단하게 기록하십시오.

이스라엘 백성이 애굽에서 나와 홍해를 건넌 후 광야 길을 사흘 걸어갔지만 물을 얻지 못하자 그 곳 이름을 마라 곧 '쓴 것'이라고 말하고 모세 선지자를 원망하기 시작했다.

그들의 원망소리를 들은 모세 선지자가 하나님께 부르짖자 하나님께서는 그에게 한 나무를 가리키셨고 그가 그것을 물에 던지자 물이 달게 되었다. 하나님께서는 이 사건을 계기로 그들을 위하여 법도와 율례를 정해주셨다.

"너희가 너희 하나님 나 여호와의 말을 들어 순종하고 내가 보기에 의를 행하며 내 계명에 귀를 기울이며 내 모든 규례를 지키면 내가 애굽 사람에게 내린 모든 질병 중 하나도 너희에게 내리지 아니하리니 나는 너희를 치료하는 여호와임이라"(출 15:26).

한 여고생이 있었다. 이 학생은 길을 가다가 가끔씩 의식을 잃고 주저앉아 오줌을 싸거나 혼미하여 정신을 차리지 못하는 증세를 보였다. 이러한 딸을 둔 부모님의 걱정은 이만 저만이 아니었다.

필자가 언제부터 그랬느냐고 부모님께 묻자 어릴 때 벽에 머리를 부딪치고 나서부터 그런 것 같다고 하였다. 상담을 한 후 치유 기도를 해 주었는데 그 증세가 없어졌고 지금은 결혼을 하여 아들을 낳고 정상적인 생활을 하고 있다.

하나님께서 하시는 일은 참으로 놀랍고 신기할 따름이다. 때로는 어려움도 주시지만 그 어려움을 통해 큰 기쁨을 누리게 하시고 하나님만이 창조자요 구원자이심을 알게 하신다. 어려움을 당해 보지 않은 사람이 어찌 해결의 기쁨을 알 수 있으리요.

이 치유를 경험한 딸이 교회 건축때 남편의 교통사고로 보상받은 물질 중 일부를 바치므로 교회가 큰 힘이 되었음을 생각할 때 하나님의 큰 사랑의 은혜를 경험하고 옥합을 깨뜨렸던 여인의 헌신을 생각하게 한다.

1. 본문을 볼 때 하나님은 어떤 분이라고 생각하십니까?

2. 하나님께서 왜 고난을 주신다고 생각하십니까?

3. 고난이 올 때 어떻게 해야 한다고 생각하십니까?

적용과 실천

오늘의 기도

믿음으로 고침 받으라

년   월   일   새벽 / 저녁

마가복음 5장 25-34절을 읽고, 깨달은 바를 간단하게 기록하십시오.

열두 해를 혈루증을 앓던 여인이 그 병으로 인하여 의사에게 많은 괴로움을 받을 뿐 아니라 재산까지 다 잃었지만 병세는 전혀 호전되지 않았다.

그러던 차에 길에서 주님을 뵙게 되었고 주님의 옷자락이라도 만지면 나을 수 있다는 믿음으로 옷자락을 만졌을 때 몸에서 병이 떠나갔고 그 사실을 본인이 알게 되었다. 이처럼 믿음은 놀라운 기적을 체험케 해준다.

전능하신 주님의 옷자락만 만져도 나을 수 있다는 믿음이 여인으로 하여금 구원을 받을 수 있도록 해주었다.

주님께서 자주 사용하신 말씀 가운데 하나가 "네 믿음이 너를 구원하였다"는 말씀이다.

그렇다. 믿음이 구원의 길이다.

우리 교회 반주를 하던 학생이 기도 제목을 내 놓았다.

이 학생은 초등학교 6학년 때부터 교회를 열심히 나오기 시작했다. 그리고 중고등부에 올라오면서 피아노 반주를 하기 시작했다.

그러던 어느 날 성가연습을 마치고 기도를 하려는데 기도제목을 내 놓았다. 생리도 아닌데 소변을 볼 때면 하혈이 너무 심하여 변기가 피로 가득해 진다고 큰 걱정을 호소하였다.

병원엘 가야 하는데 두렵기도 하고 집이 이사를 하여 병원에 갈 형편도 안 된다고 하였다. 그래서 합심하여 기도를 하고 난 후 안수기도를 해 주었다. 그 후로 깨끗이 치료가 되었다는 말을 들었고 지금은 결혼을 하여 두 아이의 엄마가 되어 있다. 할렐루야!

시편 기자 다윗은 시편 18편 31절에서 "여호와 외에 누가 하나님이며 우리 하나님 외에 누가 반석이냐"라고 고백하였다.

참으로 하나님은 위대하시다.

1. 본문을 볼 때 하나님은 어떤 분이라고 생각하십니까?

2. 하나님께서 역사하시면 모든 문제가 해결 된다는 사실을 믿으십
니까?

3. 세상 의학으로 해결되지 않는 병이 올 때 여인처럼 주님 앞에 나
갈 믿음은 준비되었습니까?

깨끗함을 받으라

년   월   일   새벽 / 저녁

마태복음 8장 1-4절을 읽고, 깨달은 바를 간단하게 기록하십시오.

예수께서 산상설교를 마치시고 산에서 내려오시자 수많은 무리가 예수님을 따르게 되었다.

그 중에 한 나병환자가 나아와 절하며 "주여 원하시면 저를 깨끗하게 하실 수 있나이다"라고 믿음의 고백을 드리자 예수께서 손을 내밀어 그에게 대시며 "내가 원하노니 깨끗함을 받으라"고 말씀하셨다.

그 즉시 당시 3대불치병 중의 하나인 나병이 깨끗함을 받는 역사가 일어났다.

주님의 소원은 사람들이 믿음을 가지므로 불행에서 벗어나 구원의 복을 누리게 되는 것이다.

본문의 나병환자 처럼 주님의 소원을 바로 알고 믿음으로 주님께 나아가는 자가 복있는 자이다.

편도선염이 치료되다 - 변○○

우리 교회 한 여자 청년이 동생 벌되는 한 남자 청년을 데리고 왔다. 처음에는 친구라고 해서 그런 줄 알았는데 나중에는 결혼까지 하였다.

결혼을 하기 전 그 남자 청년이 편도선이 부었으니 기도해 달라고 요청을 해 왔다.

상담 결과 어릴 때부터 편도선염으로 고생을 해오고 있다는 사실을 알게 되었다. 그 청년은 이 문제로 기도 받기를 간절히 원했고 믿음으로 기도를 해 준 후 치료를 받게 되었다. 할렐루야!

하나님께서는 믿음으로 나오는 자들을 고쳐 주신다.

주님께서는 믿음으로 나오는 자들에게 "네 믿음대로 되라"는 말씀을 하셨다. 믿음으로 주님 앞에 나오기만 하면 누구나 고침을 받을 수 있다. 이 얼마나 감사할 일인가?

주님의 은혜를 거절하지 말고 믿음으로 치유의 은혜를 경험하게 되기를 간절히 바랄 뿐이다.

1. 본문을 볼 때 하나님은 어떤 분이라고 생각하십니까?

2. 믿음으로 행하면 문제를 해결 받습니다. 믿음이 생기면 낫고자
   하는 소원도 생깁니다. 치유 받을 믿음이 자신 안에 있습니까?

3. 세상 의학보다는 주님을 더 의지합니까?

일어나 네 상을 가지고 집으로 가라

년   월   일   새벽 / 저녁

마가복음 2장 1–12절을 읽고, 깨달은 바를 간단하게 기록하십시오.

예수께서 가버나움의 집에 계신다는 소문이 들리자 많은 사람들이 몰려와 인산인해를 이루었다.

그런데 그 와중에 네 사람이 한 중풍병자를 메고 왔으나 사람이 많아 예수님 앞으로 나갈 수 없자 지붕으로 올라가 구멍을 뚫고 환자를 달아 내렸다.

예수께서는 그들의 믿음을 보시고 중풍병자를 고쳐주셨다.

우리는 사복음서를 통해 대개 개인이 주님 앞으로 나와 믿음으로 구원 받는 경우를 보았다. 그러나 본문의 경우는 예수께서 그들의 믿음을 보시고 고쳐 주셨음을 기록하고 있다.

이처럼 연합하는 믿음은 약한 자를 돕는데 효과적이다.

중풍병자가 걷게 되다 - 신OO 집사

신OO 집사님은 서울에서 이사와서 우리 교회에 등록을 하고 교회를 다니게 되었다. 그런데 성격이 급한 편이었다. 아내와는 이혼을 하고 재혼을 한 상태에서 교회 근처로 이사를 왔다. 그런데 교회를 다니다가 뇌졸중으로 쓰러져 병원 신세를 져야 했다. 그러나 4개월 정도 병원에 입원했으나 아무런 차도가 없자 퇴원이 결정되었다.

구급차에 실려 집으로 돌아온 그는 누워서 지내야 했고 식사 시간에만 일으켜 주면 앉아 식사만 하는 상태였다.

한의사가 왕진을 와 침으로 치료를 해 보았지만 효험이 없었다. 그는 울면서 어눌한 말로 "내가 아픈 것은 괜찮지만 동네 주변 사람들에게 하나님의 영광을 가리우는 것이 괴롭다."고 말하는 것을 볼 때 가슴이 찢어질 듯 아파왔다.

나는 마음이 급해졌다. 생각다 못해 마음속으로 결단을 내렸다.

'치유에 들어간다. 아직 한 번도 중풍병자를 치유해 본 적이 없지만 믿음으로 한다.'

그리고 1998년 2월 12일 두렵고 떨리는 마음을 진정시키며 신OO 집사의 집으로 발걸음을 옮겼다. 사탄이 마음을 흔들어

놓는다.

"너 하다가 안 되면 무슨 망신을 당할라고 그래?"

마음이 잠시 흔들린다. 그러나 진정시키며 나는 속으로 외쳤다. '내가 하냐 주님이 하시지' 되든지 안 되든지 주님께 맡기고 시작한다.

그런데 첫 날 예배를 드리고 전혀 예상 밖의 일이 벌어졌다. 나는 4개월 동안 한 번도 일어서 보지도 않은 신○○ 집사님을 향해 베드로 사도가 했던 것처럼 고목나무 같은 집사님을 향해 예수님의 이름으로 일어나 걸으라고 외치며 일으켜 세웠다. 그랬더니 일어 나 섰다. 그리고 혼자 서게 한 후 "예수님의 이름으로 발과 발목에 힘이 생길지어다."라고 계속 선포했다. 목이 아파 왔지만 전혀 신경 쓸 겨를이 없었다. 그 때부터 집사님은 완전치는 않았지만 걷기 시작했다.

교회에서도 온 성도들이 보는 가운데 걷는 것을 보고 성도들은 환호하며 기쁨과 감격의 눈물을 흘렸다. 집사님은 자신의 지난 날의 화려했던 날들을 생각하며 더 온전히 걸어야 한다는 강박 관념 때문에 조급한 마음을 가질 때마다 믿음이 떨어지는 것을 볼 수 있었다. 그는 후에 캐나다로 갔다.

1. 본문을 볼 때 하나님은 어떤 분이라고 생각하십니까?

2. 하나님께서 역사하시면 모든 문제가 해결 된다는 사실을 믿으십니까?

3. 세상 의학으로 불가 판정을 받았을 때 하나님의 방법으로 치유 받을 수 있음을 믿습니까?

적용과 실천

오늘의 기도

고난의 유익

년   월   일   새벽 / 저녁

시편 119편 71절을 읽고, 깨달은 바를 간단하게 기록하십시오.

고난을 좋아하는 사람은 아무도 없다. 그러나 고난은 바다의 파도처럼 쉬지 않고 우리에게 다가온다.

크리스찬은 고난을 어떻게 이해해야 할까?

시편 기자는 고난이 자신에게 유익이 되었음을 고백하고 있다. 그렇다. 성도에게 오는 고난은 고통이기 이전에 유익을 위한 고난임을 알아야 한다. 하나님의 섭리 안에는 우연이란 존재하지 않는다. 모든 것은 필요에 의해서 주어지고 있다. 성도는 고난이 올 때 회피하지 말고 하나님의 뜻을 깨달을 수 있어야 한다.

예수님을 믿지 않는 사람에게는 고난이 예수님을 영접하는 기회가 될 수 있고 믿는 성도들에게는 합력하여 선을 이룬다(롬 8:28).

허리의 통증이 사라지다 – 이○○ 사모

1985년에 결혼을 하여 지금까지 목회자의 아내로 나의 목회를 뒷바라지 하는 나의 아내도 여러 가치 치유를 체험하였다. 그 중 제일 처음 체험한 것이 허리의 통증이 치료되는 일이었다. 나의 가족이 20년이 넘게 둥지를 틀고 사는 곳은 바로 우리 교회의 사택이다. 아주 작은 마을의 작은 시골교회로 처음 부임했을 때는 수동으로 펌프질을 해서 물을 먹어야 했다.

그런데 교회 뒤에 배 밭이 있고 배 밭 가운데에는 인분을 담는 큰 웅덩이가 있고 주변에는 우사들이 있어서 도저히 물을 마실 수 없을 정도였다. 그런데 교회가 조금 형편이 나아지면서 우물을 팠고 자가 수도가 설치되었다. 과거에 비해 너무도 형편이 나아졌다. 그런데 사택이 너무 허술해 수도를 안으로 끌어 들이지 못하고 밖에 수도를 설치하고 비닐하우스를 치고 물일을 해야 했다. 그런데 수도가 언다고 밤새 수도를 틀어 놓은 것이 빙판이 되어 있는데 나의 아내가 발을 헛디디면서 낙상을 하고 말았다.

며칠을 심하게 고생을 했는데 처음에는 옆으로 돌아눕지도 못할 정도였다. 하는 수 없이 작정 기도에 들어갔다. 작정 기도 마지막 날 주님께서는 깨끗이 치료해 주셨다.

1. 본문을 볼 때 하나님은 어떤 분이라고 생각하십니까?

2. 하나님께서 역사하시면 모든 문제가 해결 된다는 사실을 믿으십
   니까?

3. 세상 의학으로 불가 판정을 받았더라도 믿음으로 고쳐 볼 생각
   이 있습니까?

치료하시는 여호와

년   월   일   새벽 / 저녁

출애굽기 15장 26절을 읽고, 깨달은 바를 간단하게 기록하십시오.

본문을 보면 하나님께서는 법도와 율례를 정하시고 이스라엘 백성들을 시험(test)하시려고 수르 광야에서 사흘 길을 걸어 쓴 물이 있는 곳으로 인도하셨다. 이스라엘 백성들은 쓴 물을 만나자 늘 그랬던 것처럼 여지없이 불평과 원망을 쏟아내고 말았다. 그러나 모세 선지자는 하나님께 부르짖었고 하나님께서는 그 물을 고쳐주셨다. 그리고 그들에게 교훈의 말씀을 주셨다.

하나님께서 우리에게 어려운 고통을 주시는 이유는 우리를 불행하게 하시기 위함이 아니요 우리로 하여금 믿음으로 인하여 살 길을 찾게 하시기 위함이다. 하나님께서 테스트 하실 때 불평과 원망을 일삼는 사람이 있는가 하면 기도로 문제를 해결 받는 사람이 있다.

하나님께서는 우리 가정에 네 명의 자녀를 주셨다.

딸이 셋이고 막내가 아들이다. 일부러 그렇게 한 것은 아닌데 사람들은 아들 낳으려고 넷을 낳았다고 한다. 아무래도 상관없다. 네 자녀들은 지금까지 건강하게 자라주어서 고맙기만 하다.

큰 딸이 어렸을 때 목 주위에 여러 개의 혹과 같은 것이 불어나서 들어가지를 않았다. 의학적인 지식은 없지만 흔히 하는 말로 임파선이 부은 것이 아닌가 생각을 하고 가정 예배를 드릴 때마다 치료되기를 기도했다. 하나님께서는 은혜를 베푸셨고 병원에 한 번도 가본 적이 없이 치료되어 지금 건강하게 대학교에 다니고 있다. 할렐루야!

하나님처럼 위대하신 분은 없다. 하나님은 세상을 지으셨고 우리를 지으신 분이시기 때문에 우리가 믿고 간구하기만 하면 육체의 모든 병을 치료해 주신다. 언제나 기도로 치료가 일어나기 때문이다.

1. 본문을 볼 때 하나님은 어떤 분이라고 생각하십니까?

2. 하나님께서 시험하실 때 어떠한 자세를 지녀야 합니까?

3. 어려운 일을 만났을 때 해야 할 일은 무엇입니까?

구하라

년   월   일   새벽 / 저녁

요한복음 16장 24절을 읽고, 깨달은 바를 간단하게 기록하십시오.

예수님께서는 제자들을 향해 "지금까지는 너희가 내 이름으로 아무것도 구하지 아니하였으나 구하라 그리하면 받으리니 너희 기쁨이 충만하리라"고 말씀하셨다. 예수님께서 이 말씀을 하신 시점은 자신의 죽음을 예고하시고 난 후에 하신 말씀이다. 따라서 예수님께서는 아버지의 나라로 승천을 앞두시고 제자들에게 중보자 되시는 자신의 이름으로 기도할 것에 대하여 가르쳐 주신 내용이다. 기도는 예수님의 이름을 믿는 자들에게 있어서 마스터 키와 같다.

요한복음 15장7.16절을 보면 택하심을 입고 주님 안에 거하는 자들은 무엇이든지 구하는 것을 응답 받을 수 있다고 말씀하신다. 주님 안에 거하면서 주님의 이름으로 응답받는 삶을 경험하시기 바란다.

물사마귀가 치료되다 - 김OO

나의 셋째 딸이 어렸을 때 등과 배에 물사마귀가 잔뜩 난 것을 보게 되었다.

남들은 그렇게 되면 병원엘 가지만 우리는 그렇게 하지를 않았다. 그 이유는 성도들에게 믿음으로 고침을 받으라고 외치는 목사가 믿음으로 해결 받지 못하면 안 된다는 이유가 첫 번째 이유이고 사실 병원에 갈 돈도 없었다.

그래서 오로지 하나님께 매달리며 기도할 수밖에 도리가 없었다. 그것이 이렇게 감사할 일이 될 줄을 나는 미처 생각지 못했다.

20년이 넘게 우리 가족은 치과나 해산을 하기 위해 병원엘 간 일 그리고 아이들이 냇가에 나가 놀다가 유리에 깊은 상처를 입어 병원에 간 정도가 전부인 것 같다. 그동안 우리 가정인들 어찌 병원에 갈 일이 없었겠는가? 그러나 오로지 기도로 하나님께 맡기며 치료를 받아 왔다. 우리는 셋째 딸의 물사마귀를 놓고 또 기도해야 했다. 그런데 다음날 아침에 일어나 보니 그렇게 많던 물사마귀는 온데간데없이 흔적도 없이 살라져 버렸다. 놀라운 일을 행하신 하나님께 찬양과 영광을 돌린다. 할렐루야!

1. 본문을 볼 때 하나님은 어떤 분이라고 생각하십니까?

2. 하나님과 우리 사이에 중보자는 어떤 역할을 하십니까?

3. 예수님의 이름은 나의 삶에 있어서 어떤 의미가 있습니까?

적용과 실천

오늘의 기도

죽은 자가 깨어나다

년   월   일   새벽 / 저녁

사도행전 20장 7-12절을 읽고, 깨달은 바를 간단하게 기록하십시오.

바울 사도는 복음전파를 반대하는 폭도들로 인하여 아시아에 머물기 어렵게 되자 유럽의 관문인 마게도냐를 거쳐 헬라로 가서 3개월을 머문 후 배를 타고 수리아로 가려 했으나 자신을 해하려는 사람들의 공모가 있음을 알고 다시 마게도냐를 거쳐 돌아갈 생각을 하고 드로아로 가서 일행과 합류하고 이레를 함께 머물게 된다. 그 주간 첫날에 사람들이 떡을 떼기 위해 모였고 바울 사도는 다음 날 떠나기 위해 성도들을 위로하고 격려하느라 늦은 시간까지 말씀을 전하게 되었는데 유두고라고 하는 청년이 삼층 윗다락 창에 걸터 앉아 깊이 졸다가 떨어져 죽게 되었다. 바울 사도는 그 위에 엎드려 그 몸을 안고 사람들에게 "떠들지 말라 그에게 생명이 있다"고 말했다. 유두고는 살아 났고 사람들은 적지 않게 위로를 받을 수 있었다.

혼수상태에서 깨어나다 - 유○○ 당시 서리집사

우리 교회는 목요기도회가 있었다. 어떤 때는 기간을 정하여 기도회를 마치고 전도를 하러 나가기도 하였다.

어느 겨울 목요일, 그 날도 어김없이 목요기도회가 열렸다. 많은 인원은 아니지만 기도는 늘 뜨거웠다. 기도회를 마치고 해산하는 시간이 되었다. 겨울이라 길에는 눈이 있었고 며칠 전에 내린 눈이 조금 남아 있는 상태였던 것 같다.

그런데 당시 서리집사였던 유집사님이 빙판에 미끄러지면서 언 땅에 머리를 부딪혀 혼수상태에 빠지고 말았다.

몸은 뻣뻣한 상태가 되었고 의식이 없는 상태에서 경련을 일으키고 있었다. 그 모습을 보는 순간 정신이 아찔하였다. 다른 건 다 고사하고 기도회를 마치고 집으로 돌아가다가 이런 일을 당했으니 이 일이 잘못되면 온 동네 사람들의 입에 오르내리며 하나님 영광이 가리어질 것이 너무도 뻔해 보였다.

권사님은 믿음 좋은 며느리를 맞았는데 그 며느리도 함께 기도회에 참석하였다가 이런 일을 당하게 되었다. 그러니 그녀의 심정은 어떠했겠는가?

우리는 뻣뻣해진 권사님을 방에 눕혀 놓고 얼마나 간절히 기도했는지 모른다. 며느리는 "하나님 안돼요" "하나님 안돼요"를 외치면서 울부짖으며 기도했다. 아무리 부르짖어도 권사님은 깨어날 생각을 하지 않았다. 성도들도 그랬겠지만 목회자인 내 마음은 녹아내리고 있었다. 그렇게 다급한 중에도 순간 이제 목회생활도 여기서 끝이 나는가 보다 라는 생각이 들자 견딜 수 없었다.

"생활비가 없어서 목회자들이 견디다 못해 떠난 교회에 총각 전도사로 들어와 죽을힘을 다해 목회했는데 하나님 정말 이러시면 안됩니다. 제발 도와주세요. 부족하지만 저를 생각해서라도 제발 살려 주세요."라고 얼마나 부르짖으며 기도했는지 모른다.

하나님께서는 우리의 부르짖음을 들어 주셨다. 집사님은 깨어나셨고 지금까지 생존해 계신다. 그런데 그 권사님은 결핵과 간에 이상이 있던 분인데 병원에서는 언제 치유가 되었는지는 모르나 치유의 흔적은 분명히 있다고 말한다.

지금은 넘어지시면서 대퇴부에 철을 삽입해 놓은 상태여서 걷지를 못하신다. 그러나 그 부분을 놓고도 기도로 준비하고 있다.

1. 본문을 볼 때 하나님은 어떤 분이라고 생각하십니까?

2. 하나님과 동행하는 사람의 역할에 대해서 어떻게 생각하십니까?

3. 앞으로 하나님과 동행할 것에 대한 의견을 적어 보세요.

적용과 실천

오늘의 기도

사망의 문에서

년   월   일   새벽 / 저녁

시편 107편 17-21절을 읽고, 깨달은 바를 간단하게 기록하십시오.

인생은 미련하여 고통을 당하기 전에는 하나님의 뜻을 잘 깨닫지 못한다. 그래서 사람들은 죄악의 길을 따르고 악을 범하므로 고난을 받게 되며 식욕을 잃어 음식을 섭취하지 못하므로 죽음 직전까지 갔을 때 하나님께 부르짖는 경우가 많다. 사람들은 극심한 고통을 당할 때 하나님께 부르짖는다. 그 때 하나님께서는 말씀을 보내사 그들을 고치시고 위험한 지경에서 구원해 주신다.

고통은 하나님께서 죄인들을 부르시는 수단으로 종종 사용된다. 그런 측면에서 볼때 고통도 감사거리가 된다. 고통을 극복하는 길은 하나님께 돌아오는 것이다. 그것이 하나님의 뜻이기 때문이다.

지금은 명예권사님이 되어 은혜 충만한 삶을 살고 계시는 김OO 권사님은 별명이 "할렐루야!"일 정도로 성령이 충만하신 분이시다.

권사님이 이처럼 되신 이유가 있다. 교회를 나오신 지 얼마 되지 않아 허약한 몸에다 병까지 나서 음식을 드실 수 없는 상태가 되었고 심해지자 의식이 오락가락할 지경까지 갔다. 우리는 열심히 예배를 드리고 기도했다. 하나님께서는 우리의 기도를 들어 주시고 그 분에게 죽음의 문턱에서 신비한 체험을 하게 하셨다. 하나님께서 신비한 체험을 하게 하신 것이다. 그 체험 후 다시 살아나시게 되었는데 이때부터 은혜가 충만하게 되었고 권찰과 서리집사를 거처 연세가 많으시므로 명예권사가 되셨다. 그리고 어디를 가시든지 늘 성령이 충만하신 가운데 생활하신다. 그래서 오해를 받으실 때도 있지만 언제나 성령충만하신 모습이 보기에 좋다. 할렐루야!

사람들은 믿음의 성향이 다 다르다. 얌전히 믿는 사람도 있지만 열정적인 분들도 있다. 하나님께서는 완전하신 분이므로 사람들의 성향에 꼭 맞게 은혜를 주신다는 사실을 깨닫게 하신다.

1. 본문을 볼 때 하나님은 어떤 분이라고 생각하십니까?

2. 사망의 그늘이 드리울 때 어떻게 해야 합니까?

3. 어려운 일을 만났을 때 할 일은 무엇입니까?

적용과 실천

오늘의 기도

마른 뼈들이 붙다

년   월   일   새벽 / 저녁

에스겔 37장 1–10절을 읽고, 깨달은 바를 간단하게 기록하십시오.

에스겔 선지자 당시 하나님께서는 그에게 골짜기에 가득한 뼈들을 향하여 "너희 마른 뼈들아 여호와의 말씀을 들을 지어다 주 여호와께서 이 뼈들에게 이같이 말씀하시기를 내가 생기를 너희에게 들어가게 하리니 너희가 살아나리라 너희 위에 힘줄을 두고 살을 입히고 가죽으로 덮고 너희 속에 생기를 넣으리니 너희가 살아나리라 또 내가 여호와인줄 너희가 알리라"라는 말씀을 대언하라고 하셨다.

에스겔 선지자는 그대로 대언을 하였고 그 말이 떨어지기가 무섭게 뼈들이 소리를 내며 움직였고 이 뼈, 저 뼈가 들어맞아 뼈들이 서로 연결이 되고 힘줄이 생기고 살이 오르고 가죽이 덮이며 생기를 향하여 명하니 생기가 들어가 그들이 일어서는데 큰 군대를 이루었다.

골절된 뼈가 붙다

우리 교회는 돈도 없이 땅도 사고 교회도 지었다. 기존의 부지는 163평이었는데 기도해 오던 땅 501평을 추가로 매입하고 나니 2000만원이 넘게 빚을 지고 말았다. 게다가 계사를 수리해 사용해 오던 교회는 균열이 심해 위험하므로 건축을 하지 않으면 안 될 상황에 처하게 되었다. 나는 건축을 위해 전심전력 하기로 했다. 건축을 하는 동안 몇 번의 건강에 이상이 왔지만 다행히 교회는 몇 개월 사이에 지붕과 내외장 벽돌공사까지 마무리졌다.

건강은 몹시 좋지 않았다. 몸에 자꾸 이상이 나타났다. 어지럼증이 심하고 시력이 갑자기 사라질 때도 있었고 청력을 잃어 소리가 잘 들리지 않을 때도 있었다. 형편 생각하고 계속 버티다가 성화에 못이겨 병원에 가 진찰을 해 보았지만 뚜렷한 병명이 나타나지 않았다. 이런 와중에 나의 아내는 새끼발가락을 골절 당했다. 임시 거처인 비닐하우스의 화장실 석고문에 발가락이 끼이면서 일어난 사고였다. 사고를 당하자 발가락을 움켜잡고는 일어서지도 못하고 얼만 동안을 쩔쩔 매더니 진정을 하고는 발가락을 본인이 움직여 보더니 골절임을 확인했다. 그러나 당시 상황이 너무 긴박하므로 아내는 병원에 가자는 말을 차마 입 밖에 내지를 못했다. 돈이 없어 직영으로 교회를 건축할 때라 한 푼이 새로우니 말도 꺼내지 않았다. 식사도 재정을 아끼지 위해 여전도회에서 조를 짜서 돌아가며 하고 있었고 나의 아내도 항상 부엌일을 도왔다. 골절된 발가락을 가지고 식사준비를 도왔는데 신발은 신을 수가 없어서 커다란 남성 슬리퍼를 신고 발을 절며 일을 도와야 했다. 밤에 이불만 스쳐도 자지러졌다. 그런 발로 식사준비를 도왔다. 그러던 중 미국에서 오신 목사님을 서울 시내에서 만나야만 할 일이 있어서 억지로 구두를 신어야 했다. 그런데 통증 때문에 돌아올 때는 차를 타는 장소까지도 걸을 수 없어 구두를 벗어들고 맨발로 시내를 걸어야 했다. 집으로 돌아 왔을 때는 초죽음이 되었다. 나는 이대로는 안 되겠다는 생각을 했다. 그래서 고통스러워하는 발가락을 내밀라고 하고 그 위에 손을 얹었다. 그리고 간절히 하나님께 기도를 드렸다. 기도를 마치고 예수님의 이름으로 골절된 뼈가 붙을 것을 명령했다. 아내는 뭔가를 느꼈다. 그 순간 발이 시원해지는 것을 느꼈다고 한다. 즉시 통증이 사라지고 거짓말같이 치유가 일어났다. 아내는 전혀 통증을 느끼지 않았고 발가락을 이리 저리 움직여 보고 비틀어도 보았지만 완전히 치료가 된 것을 확인하고 감격 속에 하나님께 영광을 돌렸다.

　주님은 참으로 위대하신 분이시다. 할렐루야!

1. 본문을 볼 때 하나님은 어떤 분이라고 생각하십니까?

2. 하나님의 치유는 어떠한 상황에도 제한이 없다는 것을 믿으십니까?

3. 내가 하나님의 일을 하면 하나님께서는 나의 일을 해 주신다는 사실을 믿으십니까?

적용과 실천

오늘의 기도

믿음의 기도는

년   월   일   새벽 / 저녁

야고보서 5장 13-18절을 읽고, 깨달은 바를 간단하게 기록하십시오.

야고보서의 저자는 예수님의 친동생으로 알려지고 있는데 그는 처음에 예수님을 구주로 믿지 못했으나 후에 믿음을 가져 예루살렘에서 영향력 있는 지도자가 된 것으로 알려 지고 있다.

그는 고난 당하는 자는 교회의 장로들을 청하여 기도를 받으라고 권면하면서 믿음의 기도는 병든 자를 구원한다고 말한다. 믿음의 기도는 참으로 놀라운 결과를 낳는다.

엘리야는 우리와 성정이 같은 사람이었지만 그가 기도하면 하늘이 닫히기도 하고 또 다시 기도하면 하늘이 열리고 비가 쏟아지기도 했다.

야고보를 통해 하나님께서는 우리도 엘리야 처럼 믿음으로 기도하기를 원하심을 알 수 있다.

허리를 고침 받다 - 심OO 집사

명예권사님이 되신 후 지금은 작고 하셨지만 당시 서리집사님으로 계실 때 심집사님은 허리를 삐긋하셔서 일어나기 어려운 상태가 되셨다.

혼자 계시는 분이라 누가 계속 도와 드리기도 어려운 상태였다. 허리가 아프셔서 채소 반찬거리도 누우신 채 다듬고 계셨다.

나는 이런 분들을 뵐 때마다 측은한 마음이 들어 견디기 힘들다. 우리는 예배를 드리고 치유를 위해 간절히 기도를 해드렸다. 기도를 받으신 집사님은 거뜬히 일어나시게 되었고 연세가 많으셨지만 집안일도 혼자 하시고 예배에도 빠지지 않고 출석을 하셨다.

하나님께서는 누구를 막론하고 믿는 자에게 큰 능력을 나타내주신다. 연세가 드신 분들도 간절한 믿음만 가지면 놀라운 치유의 은혜를 경험하시는 것을 볼 수 있다.

언제나 변함없이 역사하시는 하나님 아버지께 모든 영광을 돌려 드린다. 할렐루야!

1. 본문을 볼 때 하나님은 어떤 분이라고 생각하십니까?

2. 병들었을 때 믿음으로 기도하십니까?

3. 평소에 치유를 위해 계속 기도하고 계십니까?

적용과 실천

오늘의 기도

확인질문

구하는 것은 받은 줄로 믿으라

년   월   일   새벽 / 저녁

마가복음 11장 12-25절을 읽고, 깨달은 바를 간단하게 기록하십시오.

성도는 누구나 믿음의 사람이 되기를 원한다. 성경을 보면 불같은 시련 속에서 정금 같은 믿음이 나온다고 말씀한다 (벧전 1:5-7). 믿음도 단련이 필요하다는 말씀이다. 그러므로 힘든 과정을 겪을 때 절대로 포기하는 일이 있어선 안된다. 하나님께서는 감당할 시험만 허락하신다(고전 10:13).

본문을 보면 예수님께서는 무화과의 계절이 아닌데도 무화과나무에서 열매를 찾지 못하시자 저주를 하셨고 그 나무는 그 날 말라 죽고 말았다. 왜 주님께서 이 같은 일을 하셨을까? 주님이 제정신이 아니라서 그렇게 하신 것이 아니고 믿음에 관한 교훈을 주시기 위해서 그렇게 하셨다. 열매를 맺지 못하는 이스라엘 백성들에게 경고를 하시고 제자들에게는 믿음에 관한 교훈을 주시기 위해서였다.

동기 목사님으로부터 전화가 왔다.

"우리 교회 여집사님이 한 분을 전도했는데 목사님 교회에서 멀지 않은 곳에 사시니 목사님 교회에 가시면 좋겠다는 생각이 들어 전화했다"고 말했다.

한 사람이 아쉬운 터라 어떤 분인지는 몰라도 그렇게 고마울 수가 없었다.

나는 고맙다는 인사를 하고 전화번호를 받아 적었다. 그리고 연락을 해서 만났다. 외모로 보았을 때는 깔끔하고 참하고 예의바른 중년 여성이었다. 교회출석도 잘하여 기뻤다. 그런데 이상한 일이 발생했다.

가끔 장기 결석을 하곤 하였다. 그래서 물어보면 시골에 다녀왔다고 해서 그런 줄 알았다. 그러나 후에 알고 보니 몸이 좋지 않아 결석을 한 것을 알게 되었다. 병명은 정신공황장애였다.

그 때까지만 해도 나는 공황장애라는 병에 대해 들어본 기억이 없었다. 우리는 치유 매뉴얼에 따라 치유를 진행했고 치유 마지막 날 치유가 되었다. 불면증은 첫날부터 치유가 되었고 약을 장기복용해서 위에 심한 염증이 생겨 물만 마셔도 토하는 것까지 치유가 되었다(치유과정은 치유교재를 통해서 자세히 배우게 될 것이므로 여기서는 생략하기로 한다).

아무튼 그 병이 얼마나 무서운 병인지를 알고 그동안의 고통이 얼마나 컸었는지를 생각하지 않을 수 없었다. 그 분의 말에 따르면 어느 날 살고 있는 아파트가 순간적으로 무너지는 것을 느끼는데 그 때 반사적으로 놀라서 뛰쳐나가면 가슴이 뛰고 두려움에 집엘 들어가지 못한다고 했다. 그리고 불면증에 우울증까지 겹치면 물을 먹고 싶어도 냉장고에서 물을 꺼낼 수 없다고 했다. 심지어 화장실도 가기 어렵다고 했다. 그러나 우리 주님은 그 병도 치료해 주셨다.

지금은 창원으로 이사를 가서서 전화할 때마다 영적인 고향을 잊지 못하고 울먹인다.

1. 본문을 볼 때 하나님은 어떤 분이라고 생각하십니까?

2. 하나님의 전지전능하심에 대해 어떻게 생각하십니까?

3. 구한 것은 받은 줄로 믿으라 하셨습니다. 얼마나 믿어 지십니까?

적용과 실천

오늘의 기도

그가 담당하셨도다

년   월   일   새벽 / 저녁

이사야 53장 4-6절을 읽고, 깨달은 바를 간단하게 기록하십시오.

예수님은 우리의 죄악을 담당하시기 위하여 이 세상에 오셨고 십자가에서 우리를 위해 죽으셨다.

우리의 죄를 해결하시기 위해 무지막지한 죄인들의 손에 무고히 수난을 당하셔야 했다.

그 고난으로 인하여 우리가 나음을 얻게 되었다.

타락한 본성을 지닌 인간은 하나님을 멀리 떠나 죄의 길에서 방황하며 살므로 삶이 고통스럽고 수고와 슬픔과 탄식이 많다. 죄로 인한 저주 때문이다.

하나님께서는 인간의 이런 고통을 해결해 주시기 위해 독생자를 희생케 하사 우리를 저주의 불행에서 건져주셨다.

어느 날 한 권사님의 전도로 동네에 사시는 50대 여성이 교회에 나오게 되었다. 그 여성은 몇 년 전 간암을 앓던 남편과 사별하고 아들과 함께 살고 있었는데 그 아들은 3남매 중 외아들이었다. 엄마에겐 기둥 같은 아들이었다. 그런데 그 아들은 전혀 그렇지를 못했다. 우울증과 자폐증을 앓고 있었기 때문이다. 그 청년의 병은 초등학교 5학년 때부터 시작이 되었다고 한다. 마음도 여리고 착한 청년이었지만 병으로 인해 대학생활을 중도에 포기해야만 했다. 홀어머니가 믿고 의지했던 아들이 이렇게 되자 엄마는 걱정이 태산 같았다. 그 청년은 낮에는 자기 방에서 은둔자처럼 생활을 했고 사람들이 보이지 않는 밤에 주로 오토바이를 타고 동네를 한 바퀴 돌아오므로 불안감을 떨쳐 내려 했지만 증세가 심해져 결국은 서울에 있는 OO의료원 정신과에 입원을 하게 되었다. 하늘 같이 믿었던 남편도 잃고 외아들마저 정신과에 입원을 시키고 나서야 여인은 결국 하나님 앞에 백기를 들고 나온 것이다. 교회에 나와 상담을 하면서 그동안의 삶을 이야기 하며 이렇게 기구한 운명이 또 어디 있겠느냐고 하소연을 하였다. 염려하지 말라고 위로해 주었다. 그녀는 그 날부터 새벽예배를 빠지지 않았다. 피곤해서 못 나오는 날도 있었지만 열심히 새벽기도를 드리면서 은혜를 받기 시작했다. 기도하는 중에 도움을 주어야 하겠다는 감동이 왔다. 결단을 내렸다. 그리고 면담 중에 도움을 드리겠다고 말하고 병원에 면회를 갔다. 대학의료원 정신과라서 내 생각에는 보통 병원처럼 치료하리라 생각을 했지만 가서 보니 철장문이 있고 환자들은 수용소처럼 격리되어 있어서 함부로 면회도 할 수 없었다. 한 번 면회를 다녀온 후 퇴원을 시키도록 그 교우를 설득했다. 그녀가 병원 측에 퇴원을 시키겠다고 말하자 병원 측에서는 허락해 주지 않았다. 성령께서 지혜를 주셨다. 외출 허락을 받아 집으로 데려 오게 했다. 그리고 그 날부터 치료가 시작되었다. 집으로 찾아가 예배를 드리기도 하고 교회로 오게 하여 치유과정을 진행하였다. 때로는 산책을 함께 하면서 대화를 하기도 하였다. 증세는 호전되었고 더 이상 병원신세를 지지 않게 되었다. 그런데 그 가정이 얼마 후 안타깝게도 이사를 하게 되면서 교회를 옮기게 되었다. 하지만 하나님의 은혜로 그 청년은 건강해져 구리에 있는 ○○대학 ○○병원 기계실에 취직을 하게 되었고 지금은 대학 다닐 때 전공했던 것을 살리기 위해 전자제품 수리공으로 일을 하고 있다. 할렐루야!

1. 본문을 볼 때 하나님은 어떤 분이라고 생각하십니까?

2. 내 모든 질고를 대신 져주신 주님을 믿으십니까?

3. 주님께서 말씀하시면 병에서 즉시 놓임을 받는다는 사실을 믿습

니까?

적용과 실천

오늘의 기도

여호와께서 그를 생각하신지라

년   월   일   새벽 / 저녁

사무엘상 1장 19-20절을 읽고, 깨달은 바를 간단하게 기록하십시오.

구약시대에 한나는 남편에게 사랑을 받는 여인이었으나 임신을 하지 못해 남편이 브닌나라는 첩을 두어 여러 명의 자녀를 낳게 되었다. 그러자 브닌나는 본 처인 한나를 심히 격분케 만들었다. 한나는 속이 상한 나머지 하나님께 기도드렸고 하나님께서는 그의 기도를 응답하사 아들을 낳게 되었는데 그가 바로 이스라엘 역사에 한 획을 긋는 사무엘 선지자이다.

하나님께서는 우리가 어떤 일을 만나든지 기도하라고 말씀하셨다. 한나에게 일어난 기적은 비록 한나만의 기적이 아니다. 그것은 오늘도 하나님의 전지전능하심을 믿고 행하는 자들에게 주시는 놀라운 은혜의 약속이다.

우리 교회에 시어머님을 따라 출석하는 딸 하나만을 가진 교우가 있었다. 딸을 낳고 꼭 아들을 낳아야만 한다는 생각에서 점을 보러 갈까 고민을 하던 중에 교회를 나오면서 기도를 받기로 했다고 한다. 나는 처음 이 말을 듣고 당황하기도 했으나(거절할 이유도 없어서, 지금까지 아들을 낳게 해달라고 기도한 적은 없으나 간절한 요청 때문에) 기도하겠다고 했다. 기도 후에 집으로 돌아가 구약시대에 한나가 기도하고 사무엘을 낳은 것처럼 바로 임신이 되어 아들을 낳았다. 그리고 지금 그 아들은 초등학교 5학년이 되었다.

한나는 사무엘을 낳고 하나님께 영광을 돌렸다. 하나님은 낮은 자를 높여주시고 가난한 자를 진토에서 일으키시며 빈궁한 자를 거름더미에서 올리사 귀족들과 함께 앉게도 하시고 영광의 자리를 차지하게 하시는 분이라고……

그런데 사람들은 하나님을 믿지 않으므로 불행 속에 살아가는 것을 본다. 그들에게 치유의 권세를 통해 하나님의 살아계심을 알리자.

1. 본문을 볼 때 하나님은 어떤 분이라고 생각하십니까?

2. 태를 열고 닫으시는 분이 하나님이심을 믿으십니까?

3. 주님께서 태를 여시면 임신이 가능해 진다는 사실을 믿습니까?

적용과 실천

오늘의 기도

중풍병자가 고침을 받다

년   월   일   새벽 / 저녁

마태복음 9장 1-7절을 읽고, 깨달은 바를 간단하게 기록하십시오.

예수님께서는 각색 병든 자들을 고쳐 주셨다. 그 중 본문에는 중풍병자를 고쳐주신 사건이 기록되어 있다.

당시 중풍병은 나병과 같이 불치병으로 알려져 있었다. 그러나 예수님께서 믿음을 보시고 즉시 고쳐 주셨다.

주님은 우리를 지으신 분이시다.

주님께는 능치 못할 일이 없다.

예수님 당시 그를 믿고 따르는 자들은 어떤 병에 걸렸든지 나음을 입게 되었다.

그 나음은 전적으로 믿음의 결과였다.

이같은 믿음이 우리 모두에게 필요하다.

　우리 교회 성도님 칠순 잔치가 돌고래산장에서 있어서 나는 예배를 인도하기 위해 그 곳에 갔다. 예배를 드린 후 과거 북파공작원으로 활동했던 60대 되신 한 분을 만났다. 그 분은 열심히 술을 마시고 있었다. 그래서 한 마디 하였다.

　"이제 건강을 생각하셔야죠?"

　그러자 그 분은 나를 비웃기라도 하듯 나는 체질적으로 술을 아무리 마셔도 이상이 없는 사람이라고 말했다. "나는 그렇지 않다."고 말해 주었다. 그리고 그 분을 잊고 있었다. 그런데 그 분이 술을 마시고 잠을 자다가 뇌졸증이 와서 병원에 입원했다는 소식을 듣고 시간을 내서 병원으로 갔다. 나는 조용히 묵상하고 잠시 위로해 드리고 내가 시키는 대로 할 것 같으면 도와드리겠다고 말하자 그러겠노라고 순순히 대답 하였다. 그래서 그 자리에서 예수님을 영접시켰고 틈틈이 시간을 내서 병원에 들러 하나님께 예배를 드리고 위로 해드렸다. 병원에서 4개월이 지나도 아무런 효험이 없자 더 이상 병원비 때문에 어쩔 수 없이 퇴원을 하게 되었다. 술 때문에 아내와 이혼하고 가족과 생이별을 한 터라 형 한 분을 제외하고는 가족들도 돌보지 않았다.

그 분은 우리나라에서 몇 안 되는 변압기 전문 기술을 가진 분으로 서울 잠실에 있는 ○○월드 전기기술자였다. 평소 주변 사람들에게 술을 잘 사주고 돈도 잘 빌려 주는 사람으로 통했다. 그러나 그 많은 술친구들은 병원에서 회복될 가능성이 없다고 하는 말을 듣자 한 사람을 제외하고 모두 돈을 빌려가지 않았다고 말들을 했다. 그는 엄청난 배신감에 치를 떨었다.

그는 과거와는 달리 내 앞에서는 언제나 순한 양처럼 변해 갔다. 나와 나의 아내는 매뉴얼을 따라 치료를 결정하고 진행을 하면서 그의 신앙을 체크하기 시작했다. 그의 신앙은 30%에서 시작하여 85%로 성장됐다. 그런데 85%에서 더 이상 올라가지 않아 나와 나의 아내를 안타깝게 했다. 그런데 그것이 하나님의 뜻이었다.

그는 정확히 85%만 고침을 받았다. 그 증거로 전혀 일어날 수 없었던 분이 일어나 걷게 되었고 누가 보더라도 85%가 치유되었음을 알 수 있게 손이 약간 덜 펴지고 걸음걸이가 약간 불편한 것을 제외하고는 일어나 걷게 되었고 혼자 음식준비도 하고 빨래도 하며 병원도 교회도 다닐 수 있게 되었다.

할렐루야!

1. 본문을 볼 때 하나님은 어떤 분이라고 생각하십니까?

2. 하나님의 전능성을 믿습니까?

3. 중풍병자를 향해 회복을 명령하는 믿음이 나에게도 있습니까?

적용과 실천

오늘의 기도

태양아 달아 머무르라

년   월   일   새벽 / 저녁

여호수아 10장 12-15절을 읽고, 깨달은 바를 간단하게 기록하십시오.

이스라엘 백성이 아모리 족속과 싸울 때 백성의 지도자 여호수아는 믿음으로 태양과 달을 향하여 중천에 머무르도록 명령했고 태양과 달이 멈추므로 아모리 족속을 완전히 진멸시키고 승리를 거두었다. 이 사건은 우주과학자들에 의해 증명이 되었다.

미국 메릴랜드 우주항공센터에서는 컴퓨터로 십 만년 전까지 소급해서 달의 궤도와 태양의 궤도를 조사하던 중 놀라운 사실을 알게 되었다. 우주과학자들이 아무리 조사를 해도 십 만년 동안의 시간 중 24시간이 오차가 났는데 여호수아 10장13절과 열왕기하 20장에서 없어진 24시간을 찾아 해결 하였다. 성경의 기적이 과학적으로 증명된 사건이었다. 하나님은 우주의 주인이시며 우리에게 하늘과 땅의 권세를 주신분이시다.

지혈의 기적 – 허영애 할머니

1998년 12월 7일 한양대 구리병원에서 연락이 왔다. 병원 12층에 있는 대학병원교회에서 사역하시는 여자 전도사님이셨다. 이야기인즉 한 할머니가 병원에 입원하셨는데 예수님을 믿겠다고 하셔서 사시는 곳을 물어 114를 통해 목사님 교회를 찾았다고 시간이 되면 병원에 나오시면 좋겠다는 것이었다. 서둘러 병원으로 향했다. 가는 동안 누굴가가 무척 궁금했다. 병원에 도착해 보니, 우리 전도팀들이 가면 절에 다닌다고 하시면서 호통을 치시던 할머니였다. 나를 보자 멋적어 하신다. 나는 어색한 분위기를 깨기 위해 말했다. "아이구 우리 전도대원들을 야단치던 할머니시네. 어쩌다 여길 오셨어요." 할머니는 애써 당혹감을 감추려 했지만 당황하는 기색이 역력했다. 나는 할머니를 위로해드렸다. 할머니는 고혈압과 당뇨병이 있었고 심장병과 백내장 합병증에 시달리고 계셨는데 당이 떨어지면서 의식을 잃고 쓰려지셔서 119에 실려 오셨다고 한다. 예수님을 믿겠다는 다짐을 받고 걱정하지 말라고 말씀드렸더니 마음을 열고 "나는 죽는 것이 무서워요."라고 어린 아이처럼 순진하게 말씀하셨다. 제가 도와 드릴테니 아무 걱정하지 마시고 시키는 대로만 하면 된다고 말씀드렸다. 그 날부터 나와 나의 아내는 시간을 내서 병원에 들르게 되었고 믿음을 심어드렸다. 그 후 할머니는 치료를 받으시고 퇴원을 하셨고 교회에 빠지지 않고 출석을 하시게 되었다. 물론 할아버지는 말할 것도 없이 말이다. 얼마나 사이좋게 교회에 나오시는지 다들 부러워할 정도였다.

그런데 큰 위기가 왔다. 할머니가 치아가 너무 흔들리자 순환기내과에서 이를 뽑아도 괜찮다는 통보를 받고 치과에서 이를 뽑았는데 그만 지혈이 되지 않는 것이었다. 담당의사들은 비상사태였고 인턴을 교대시키며 밤낮을 가리지 않고 지혈을 하고 있었다. 병실 사람들이 잠을 잘 수가 없었다고 한다. 그리고 할머니는 3일이 지나도록 식사는 물론 잠을 자지 못해 괴로워 하셨다. 우리는 매일 들러 예배를 드리고 치유를 위해 기도했다. 그런데 3일이 지나고 4일째 되는 날로 기억된다. 할머니가 멀쩡하게 앉아 계셨다. 놀라서 물어 보았더니 신이 나서 말문을 여신다. "내가 어제 밤에 잠도 못자고 배도 고파 죽겠어서 의사 선생님의 손을 뿌리치고 오늘 밤 하나님이 나를 살려 주신다고 말하자 피도 안 나오고 밥도 먹게 되고 잠도 잘 수 있었다"고 말씀하시면서 하나님께서 고쳐 주셨다고 감격스러워 하셨다. 할렐루야!

1. 본문을 볼 때 하나님은 어떤 분이라고 생각하십니까?

2. 우주를 지으신 하나님께서 우주를 움직이심을 믿습니까?

3. 같은 믿음의 사람으로서 나에게도 여호수아와 같은 믿음이 있습니까?

적용과 실천

오늘의 기도

다비다야 일어나라

년   월   일   새벽 / 저녁

사도행전 9장 36-43절을 읽고, 깨달은 바를 간단하게 기록하십시오.

본문을 보면 욥바라고 하는 곳에 다비다라고 하는 여제자가 있었는데 선행과 구제하는 일이 심히 많았던 분이었다.

그런데 무슨 이유에서 인지 밝혀지지 않았지만 그녀가 죽고 말았다.

사람들은 베드로에게 두 사람을 보내어 지체 말고 오라고 간청하였고, 베드로가 그 곳에 도착하자 사람들이 데리고 다락에 올라갔다. 모든 과부가 베드로의 곁에 서서 울며 도르가가 함께 있을 때에 지은 속옷과 겉옷을 다 내어 보여 주었다. 베드로 사도는 사람을 다 내어보내고 무릎을 꿇고 기도한 후 돌이켜 시체를 향하여 이르기를 "다비다야 일어나라" 하니 그가 눈을 떠 베드로를 보고 일어나 앉게 되었다.

믿음으로 명령하는 것이 중요하다.

어느 날 동네 진료소 소장으로부터 전화가 걸려 왔다.

다급한 목소리로 "목사님 할머니가 쓰러지셨어요. 의식이 없어요. 119를 불렀어요. 빨리 좀 올라오세요."라는 것이었다.

급하게 서둘러 차를 몰기 시작했다. 그런데 이미 119구급차가 경적을 울리며 쏜살같이 지나갔다. 나도 질세라 급히 차를 몰았다. 거의 동시에 집 근처에 도착하였다. 구급대원들이 들 것을 챙기는 동안 나는 신속히 집으로 들어 갔다.

눈을 보니 이미 눈동자는 풀려 있었고 의식은 없었으며 숨만 쉬고 있을 뿐이었다. 나는 절망 할 시간도 없이 구급대원이 들어오기 전에 머리에 손을 얹고 간절히 기도하기 시작했다. 그리고 예수님의 이름으로 기도를 마치자 3일 동안 아무런 의식이 없었던 할머니는 벌떡 일어나 내 목을 안고는 "나 병원에 안갑니다." 하는 것이었다.

믿지 않는 동네 주민 몇 명과 구급대원들이 보는 가운데 일어난 또 한 번의 기적이었다.

할머니가 사시는 집은 오래된 시골집으로 부엌문은 안에서 고리로 잠그게 되어 있고 부엌에서 안방으로 통하는 문이 있었으며 외출하실 때는 부엌문을 안에서 잠그고 안방문은 자물쇠로 잠그시고 외출을 하셨다.

그런데 공교롭게도 안방 문을 자물쇠로 잠가 놓는 바람에 매일 오시는 옆집 아주머니가 문이 잠긴 것을 보시고 따님 집에 가셨으려니 하고 그냥 지나치신 것이 이미 사흘이 되었다고 하셨다. 그러니 사흘 동안 의식을 잃고 계셨던 것이다. 그러나 죽은 나사로를 살리셨던 주님이 할머니를 살려주신 것이다. 할렐루야!

1. 본문을 볼 때 하나님은 어떤 분이라고 생각하십니까?

2. 하나님께서 죽은 자를 살리시는 분임을 믿으십니까?

3. 죽은 자의 부활을 믿습니까?

적용과 실천

오늘의 기도

사르밧 과부의 아들이 살아나다

년   월   일   새벽 / 저녁

열왕기상 17장 17-24절을 읽고, 깨달은 바를 간단하게 기록하십시오.

엘리야 선지자가 활동하던 시대의 이스라엘은 매우 사악한 아합 왕이 통치하고 있었다. 당시 엘리야 선지자는 하나님의 살아계심을 두고 맹세하여 이르기를 자신의 말이 없으면 수 년 동안 비도 이슬도 있지 않을 것이라고 했고 그의 말대로 비가 내리지 않게 되었다. 하나님께서는 그를 사르밧 과부에게로 가서 공궤를 받게 하셨는데 그녀는 한 끼 남은 양식으로 엘리야를 공궤하고 난 후 통의 가루와 병의 기름이 떨어지지 않는 기적을 체험하게 되었다. 그런데 얼마가 지난 후 그 과부의 아이가 심하게 앓다가 죽게 되었다. 여인은 이 아이의 죽음을 통해 엘리야 선지자가 자신에게 옴으로 자신의 죄를 생각나게 할 뿐 아니라 아이가 죽게 되었다고 원망스럽게 말했다. 그러자 엘리야 선지자는 아이를 달라 하여 하나님께 기도하므로 살아나게 하였다.

2002년 1월 11일 혈당 수치가 내려가면서 허OO 집사님은 의식을 잃고 쓰러지셨다. 연락을 받고 달려간 우리 일행은 간절히 기도를 하였고 오랜 시간 기도한 후에야 의식이 돌아 왔다.

혼자 계시는 분이라 그냥 두고 가기가 마음이 놓이지 않아 119구급차를 불러 병원으로 모시고 갔다. 그리고 자녀들에게 연락을 하여 병원을 지키게 했다. 병원에서는 검사를 하더니 이상이 없다고 모시고 가도 된다고 하여 자녀들이 집으로 모시고 왔다.

그런데 밤에 주무시다가 또 다시 의식을 잃었다고 새벽 예배 전에 연락이 왔다. 우리는 새벽예배를 예정대로 드리고 장례식이 있어 상가에 들러 예배를 드리고 집사님 댁으로 갔다.

우리가 갔을 때도 역시 의식이 없었다. 우리는 예배를 드리기 시작했다. 그러나 의식이 돌아오지 않아 계속 찬송하며 기도하기를 무려 5시간 정도했다. 그러자 의식이 돌아왔다. 이렇게 해서 또 한 번의 기적이 체험되었다.

1. 본문을 볼 때 하나님은 어떤 분이라고 생각하십니까?

2. 하나님께서 우리로 많은 체험을 갖게 하시는 것이 우리를 사랑
하시기 때문임을 믿으십니까?

3. 죽은 자의 부활을 믿습니까?

적용과 실천

오늘의 기도

응답 받은 야베스의 기도

년   월   일   새벽 / 저녁

역대상 4장 9–10절을 읽고, 깨달은 바를 간단하게 기록하십시오.

역대상의 기록을 보면 인류의 조상 아담으로부터 족보가 시작되고 있다. 그런데 우리의 관심을 끌기에 충분한 기사가 나온다.

바로 야베스라는 분의 이야기이다. 그는 유다 지파에 속한 사람으로 그의 형제들보다 귀중한 자라고 했다. 그는 그 시대의 다른 사람보다 더 영적인 사람이었다. 그가 하나님께 기도하여 응답을 받았는데 그의 기도는 이러했다.

"주께서 내게 복을 주시려거든 나의 지역을 넓히시고 주의 손으로 나를 도우사 나로 환난을 벗어나 근심이 없게 하옵소서."

이 기도를 들으신 하나님께서는 그가 구하는 것을 허락하셨다고 기록하고 있다.

고통 없는 죽음을 응답 받다 – ㅇㅇㅇ 집사

연세는 많으셨지만 순진하신 할머니가 계셨다. 어느해 봄대심방 때 기도제목을 물으니 "죽을 때 고통 없이 자는 듯이 갈 수 있게 기도 좀 해주세요." 라고 하셨다.

그래서 "오래 사시면 되지 뭐 그런 기도제목을 내 놓느냐"고 말씀드리고 심방대원들과 함께 기도해 드렸다.

그리고 가을 대심방 때도 같은 기도제목을 말씀하셨다.

자녀들이 있어도 병수발 할 수가 없으니 그렇게 기도해 달라고 하셨다.

그런데 대심방예배를 드리고 한 달이 지난 12월 18일 할머니는 큰 사위가 온다는 말을 들으시고 도로 가에 나가 마중을 하시고 집으로 들어가셔서 누우시더니 고통 없이 조용히 숨을 거두셨다.

이 사건을 보면서 성도들은 이런 순진한 기도도 들어주시는 하나님께 영광을 돌리게 되었다. 할렐루야!

1. 본문을 볼 때 하나님은 어떤 분이라고 생각하십니까?

2. 하나님의 전지전능하신 능력에 대하여 얼마나 믿고 있습니까?

3. 하나님께서는 우리의 모든 기도에 응답하심을 믿습니까?

적용과 실천

오늘의 기도

엘리야의 하나님, 나의 하나님

년   월   일   새벽 / 저녁

열왕기상 18장 41-46절을 읽고, 깨달은 바를 간단하게 기록하십시오.

구약성경을 읽다보면 우리를 통쾌하게 만드는 장면이 여러 번 나온다.

그 중의 하나가 바로 본문의 사건이다.

엘리야 선지자는 하나님의 살아계심을 두고 맹세하기를 "내 말이 없으면 수 년 동안 비도 이슬도 있지 아니하리라"(왕하 17:1)고 선포한 후 3년 6개월 동안 비가 오지 않았는데 본문에서는 다시 비가 오도록 기도하여 큰 비가 내리게 한 사건이 기록되어 있다.

이러한 사건들을 통해서 우리는 하나님이 우주 만물의 주인되셔서 우리의 부르짖음이나 기도에 응답하사 하나님의 전지전능하심을 알게 해 주신다는 사실을 깨닫게 된다.

남애리 사건

강원도 양양군 현남면 남애리 바닷가에서 수련회가 있었다. 그 때는 장마철이라 수련회를 떠날 때에도 비가 왔고 수련회 기간 동안 해를 구경조차 할 수 없었다. '어쩌면 해수욕장 근처에 와서 바닷물에 한 번도 들어가지 못하고 비를 맞으며 집으로 돌아가야 한단 말인가' 마음이 무거웠다.

마지막 날 새벽이 되었다. 예배를 드리는 도중 내 눈을 의심할 일이 벌어졌다. 밖이 환하게 밝아 있는 것처럼 보였다. 순간 나도 모르게 우리가 믿는다면 하나님께서 오늘 맑은 날을 주셔서 해수욕장에 갈 수 있게 해주실 것이라고 선포했다. 그런데 예배를 마치고 나서 보니 날씨는 여전히 변화가 없이 흐렸다. '아 이럴 수가' 마음속에선 비명이 나오고 있었다. 다급해진 나머지 2층에 있는 숙소로 올라가 침대 옆에 무릎을 꿇고 전능하신 하나님께 기도를 드릴 수 밖에 없었다. 한참을 간절히 기도한 후 밖으로 나와·보았지만 전혀 변화가 없었다. 다시 숙소로 들어 가 무릎을 꿇고 두 손을 들었다. 그리고 엘리야의 하나님은 나의 하나님이심을 고백하며 눈물을 흘렸다. 나는 응답을 하신다 하더라도 이 일로 교만 해지거나 잘 못 되지 않겠다는 사실을 약속드리면서 기도하고 또 기도하고 밖으로 나왔다. 다행히 오던 이슬비는 멈췄지만 여전히 해가 난다는 것은 불가능해 보였다. 나는 아침을 먹기 위해 모인 교인들을 향해 오늘 해수욕을 가겠다고 믿음으로 선포하였다. 한 학생이 퉁명스럽게 대답했다. "비가와도 가요?" 나는 애써 감정을 조절하며 "하나님께서 해를 주시면 되지."라고 말하고 이번에는 옥상으로 올라갔다. 그리고 동해 바다를 향하여 두 손을 치켜들고 어린 아이가 떼를 쓰듯 하나님께 간절히 기도하고 예수님의 이름으로 여러 차례 해가 나기를 명령했다. 그런데 얼마 만일까 멀리 하늘 한 쪽 구름에 작은 구멍이 나타났다. 그 구멍은 점점 커지기 시작하더니 짧은 시간 안에 구름 한 점 없는 하늘로 변했고 태양은 눈부시게 빛났다. 우리 모두는 바다를 향해 달려갔다. 여름휴가를 즐기기 위해 왔던 피서객들은 영문도 모른 채 덩달아 함성을 지르며 바다로 뛰어 나왔다. 두 시간 여 신나게 해수욕을 즐겼다. 그리고 돌아올 시간이 되어 오기 싫어하는 아이들을 재촉하여 숙소로 돌아오기 시작하자 참았던 하늘은 다시 비를 뿌려대기 시작했다. 귀가할 때 차창가로 많은 비가 뿌려지는 것을 보며 나는 감사의 고백과 함께 회심의 미소를 지었다. 집에 돌아와 몇 날이고 해를 볼 수 없었다. 하나님께서 응답하심을 부인할 수 없는 확실한 증거였다. 할렐루야!

1. 본문을 볼 때 하나님은 어떤 분이라고 생각하십니까?

2. 자연을 다스리시는 하나님을 믿으십니까?

3. 우리가 기도하면 자연까지도 움직인다는 사실을 믿으십니까?

적용과 실천

오늘의 기도

다 성함을 얻으니라

년   월   일   새벽 / 저녁

마가복음 6장 53-56절을 읽고, 깨달은 바를 간단하게 기록하십시오.

예수께서는 가시는 곳마다 병든 자들을 고쳐 주셨다. 누구든지 믿음으로 주님께 나아와 옷 가에라도 손을 대게 하시기를 간구했고 손을 대는 자는 다 성함을 얻게 되었다.

주님의 능력은 온전한 능력이므로 그렇게 된 것이다.

그분은 하나님의 독생자로 영원히 하나님과 함께 계시며 전능하신 능력을 나타내신다.

예수님은 우리의 중보자가 되셔서 우리를 위하여 하나님 보좌 우편에서 친히 간구해 주신다.

우리는 그 분의 이름으로 능력을 나타낼 수 있다.

최초로 치유를 받았던 이○○ 교우는 서리집사가 된 지 여러 해가 되었다. 그런데 당시만 해도 우리 교회는 고립된 시골 마을이어서 교통형편이 말이 아니었다.

가까운 이웃 마을에 사시던 집사님은 멀리 떨어진 화도읍으로 이사를 가면서 건강도 좋지 않은 상태에서 네 번이나 대중교통을 이용하여 교회를 다니시다 보니 소변을 보지 못하여 방광이 안 좋아졌을 것으로 추측을 하셨다.

상태가 너무 심하여 소변도 제대로 보지 못하였고 교회 출석도 제대로 못할 정도였다. 우리가 제때에 치료를 못하자 병원 치료를 받았으나 약을 복용하면 더 심해진다고 연락이 왔다. 이야기를 들어 보니 소변에서 팥죽과 같이 피가 섞여 나오고 밤새 소변 때문에 잠을 자지 못할 정도라고 하였다. 그 말을 듣고 더 이상 미룰 수 없어 다시 치유를 시작하였다.

2002년 8월 22일 시작하여 12회에 걸쳐 치유를 했고 9월 26일 치료가 종료되었고 소변은 정상적으로 나오게 되었다. 집사님은 기도만 받으면 치유를 경험한다. 할렐루야!

1. 본문을 볼 때 하나님은 어떤 분이라고 생각하십니까?

2. 자연을 다스리시는 하나님을 믿으십니까?

3. 우리가 기도하면 자연까지도 움직인다는 사실을 믿으십니까?

적용과 실천

오늘의 기도

온갖 병든 자들이 고침을 받다

년   월   일   새벽 / 저녁

누가복음 4장 40-41절을 읽고, 깨달은 바를 간단하게 기록하십시오.

예수님께는 권능이 언제나 충만하였다. 그래서 각색 병든 자들이 주님께 나아와 고침을 받았다.

예수께서는 각색 병자들에게 일일이 그 위에 손을 얹으사 고쳐주셨다.

환자들 중에는 귀신들린 자들도 있어 귀신들이 예수님을 보자 소리를 지르며 예수께서 하나님의 아들이심을 고백하였다.

예수님께서 영적 세계를 주관하심을 보여주는 사건이다.

예수님을 믿는 우리 또한 영적인 권능을 받아 영적 존재도 다스려야 한다.

조집사님은 서울의 큰 교회에서 10년 동안 신앙생활을 하다가 우리 교회에 출석하게 되었다. 우리 교회에 나오면서 양육훈련을 받게 되었는데 덕소 현대아파트 열린모임에 함께 참여하게 되었다. 그는 오랜 기간 동안 위장병 때문에 약을 복용하고 있다고 하였고 밤이면 속쓰림 때문에 고통을 당한다고 호소하였다. 열린모임에서 늘 해오듯이 각자의 기도제목을 내 놓고 기도하자고 했더니 그간의 고통을 호소하였다. 열린모임에 참석한 멤버들은 각각의 기도제목을 위해 합심하여 기도하였다. 그런데 그 날 기도로 조집사님은 위장병을 고침 받게 되었고 약을 복용하지 않게 되었다. 할렐루야!

하나님께서는 모든 사람을 인격적으로 만나기를 원하신다. 보다 더 친밀하게 인격적으로 하나님을 만나기 원하셔서 때로는 우리에게 고통을 주시기도 하신다. 고통은 불행만이 아니다. 하나님을 만나는 도구가 되기도 하기 때문이다. 그러므로 고통이 있을 때 더욱 하나님을 가까이 하기 바란다.

1. 본문을 볼 때 하나님은 어떤 분이라고 생각하십니까?

2. 자연을 다스리시는 하나님을 믿으십니까?

3. 우리가 기도하면 자연까지도 움직인다는 사실을 믿으십니까?

적용과 실천

오늘의 기도

다 나음을 얻으니라

년   월   일   새벽 / 저녁

사도행전 5장 12-16절을 읽고, 깨달은 바를 간단하게 기록하십시오.

오순절 이후 사도들은 성령의 권능을 받았다. 그리고 가는 곳마다 많은 기사와 이적을 나타내었다.

본문을 보면 병든 사람을 메고 거리에 나가 침대와 요 위에 누이고 베드로가 지날 때에 혹 그의 그림자라도 누구에게 덮일까 바랄 정도였다.

에베소서 5장18절을 보면 우리 또한 성령충만을 받을 것을 명령하고 있다.

신앙생활은 영적인 것이므로 성령의 도우심이 있어야만 힘 있게 감당할 수 있다. 그러므로 성도는 성령충만을 받고 하나님께서 맡겨주신 사명을 감당해야 한다.

대순진리를 10년 동안 다니다가 완전히 실패를 한 사람이 우리 교회 집사님의 전도로 교회에 나오게 되었다.

그녀는 전에도 길에서 몇 번 본 적이 있었는데 그녀를 볼 때 상당히 상태가 안 좋다는 것을 느낄 수가 있었다.

그녀는 대순진리에 많은 물질을 바치고 가난해졌다고 하소연을 하였다. 그리고 그 곳에서 하도 속아서 교회도 그런 곳이 아닌가 하여 한 동안은 경계심을 가지고 교회에 다녔다고 후에 털어놓았다. 그런데 그녀가 예수님을 영접하고 복음을 받아들이면서 은혜를 경험하기 시작했다. 처음에 교회에 출석하였을 때는 손을 들고 찬양을 하라고 하면 팔을 올리지 못하고 울기만 했다.

어깨에 염증이 심하여 손을 들 수가 없었기 때문이다. 밤에도 어깨의 통증으로 잠을 잘 수 없다고 종종 호소해 왔다. 그런데 그녀가 기도를 받고 그 고통에서 완전히 벗어나게 되었다.

지금은 남자 장정도 힘들어 하는 건물철거작업을 하며 사업을 확장해 가고 있다.

1. 본문을 볼 때 하나님은 어떤 분이라고 생각하십니까?

2. 자연을 다스리시는 하나님을 믿으십니까?

3. 우리가 기도하면 자연까지도 움직인다는 사실을 믿으십니까?

그 성에 큰 기쁨이 있었더라

년   월   일   새벽 / 저녁

사도행전 8장 4-8절을 읽고, 깨달은 바를 간단하게 기록하십시오.

주님의 기적은 믿는 자들이면 누구에게나 나타난다. 본문은 사마리아 성에서 사도들에 의해 많은 병자들이 치유되므로 그 성에 큰 기쁨이 있게 되었다는 내용이 기록되어 있다.

당시 사마리아는 이방인의 피가 섞여 부정한 자들로 인식되고 있었지만 하나님의 역사는 믿기만 하면 모는 것을 초월해서 나타날 수 있음을 보여주는 사건이었다.

하나님께서는 사람을 차별하지 않고 도와주신다.

빈부귀천을 막론하고 믿음을 가질 때 차별하지 않으시고 도와주신다.

그러므로 믿음이 가장 소중한 것임을 알아야 한다.

잘못된 종교에 속아 물질을 빼앗긴 40대 중년 여성이 교회에 나왔다. 얼마나 철저하게 속았는지 그녀는 다음과 같이 증언했다.

"그 사람들은 돈을 걷으러 다닙니다. 돈이 없다고 하면 내가 꿈에 봤는데 왜 돈을 숨겨 놓았느냐고 말하여 돈을 내놓게 해요." 라고 말했다.

나중에는 돈이 없어서 아이를 낳을 때 병원에 가지 못하고 집에서 아이를 낳다가 너무 하혈을 심하게 하여 일시적으로 혼수상태에 빠지기도 했다고 한다.

아이를 낳을 때 돈이 없어서 라면 한 봉지로 하루를 살 정도였다고 하니 잘못된 종교에 빠지면 얼마나 불행한지를 잘 보여주는 사례라고 말하지 않을 수 없다.

이러한 실패를 경험한 그녀는 전도되어 처음에 교회에 나왔지만 경계심을 늦추지 않다가 복음을 깨닫고 엄청난 은혜를 경험하게 되었다.

교회를 나오고 1년 쯤 되었을 때 몸에 이상이 심하게 느껴져 병원을 찾았는데 검사결과 자궁근종이라는 사실을 알게 되었고 병원에서는 수술을 권하였다. 그런데 그 때 교회에서 전인치유수양회를 간다는 말을 듣고 의사의 권유에도 불구하고 치유수양회에 간다고 하자 의사는 미쳤다는 말을 하였다고 한다.

그렇다. 그녀는 은혜를 얼마나 받았는지 늘 이렇게 말하곤 하였다.

"목사님 너무 행복해서 행복이 절제가 되지 않아요."

이런 그녀를 보고 미쳤다고 말하지 않을 의사가 어디 있겠는가? 그녀는 결단하고 치유수양회에 참석하여 큰 은혜를 받았다. 치유수양회를 마치고 은혜로 살고 있던 어느 날 몸이 안 좋아 병원에 들러 혹시나 해서 검사를 받아 보았다. 그런데 병원에서는 종양이 없어졌다고 검사결과를 말해 주었다. 이런 신기한 일이 어디 있단 말인가?

하나님은 진정 전능하신 분이며 자신을 신뢰하는 자를 아시며 은혜를 주신다. 할렐루야!

1. 본문을 볼 때 하나님은 어떤 분이라고 생각하십니까?

2. 자연을 다스리시는 하나님을 믿으십니까?

3. 우리가 기도하면 자연까지도 움직인다는 사실을 믿으십니까?

적용과 실천

오늘의 기도

확인질문

여호와께서 행하신 일을 선포하라

년   월   일   새벽 / 저녁

시편 107편 10–22절을 읽고, 깨달은 바를 간단하게 기록하십시오.

사람이 흑암과 사망의 그늘에 앉으며 곤고와 쇠사슬에 매임은 하나님의 말씀을 거역하며 지존자의 뜻을 멸시하기 때문이다.

하나님께서 고통을 주어 마음을 낮추사 겸손하게 하시므로 그들이 엎드러져도 돕는 자가 없다고 했다. 그러나 그러한 형편에 있는 자들이 환난 중에 여호와께 부르짖으며 그들을 고통에서 구원하시되 흑암과 사망의 그늘에서 인도하여 내시고 그들의 얽어맨 줄을 끊으셨다고 본문은 기록하고 있다.

인간은 타락한 본성으로 인하여 하나님보다 쾌락을 쫓기를 좋아하고 의를 행하기보다 육신의 정욕을 따르는 것을 좋아할 때가 많다. 이로 인하여 고통을 당하게 되지만 기도하면 해결 받는다.

큰 아들을 잃고 그 충격으로 병을 얻은 남편까지 잃은 한 60대 여성이 전도를 받고 교회에 나오게 되었다. 그녀는 교회를 나오기 전에 점쟁이를 자주 찾았고 집에는 부적을 붙이는 등 우상숭배를 심하게 했던 분이다. 그런데 교회에 출석하면서 복음을 깨닫게 되자 그것이 얼마나 잘못 된 것인지를 깨닫고 눈물로 철저히 회개하고 복음으로 살기로 결심을 하였다. 그리고 은혜 충만한 가운데 사셨다. 얼굴에는 전에 없던 기쁨이 넘쳐났다. 아들과 남편으로 인하여 마음고생하며 몸도 많이 망가져 여러 가지 병이 있었다. 하루는 구리시에 있는 OO대학병원에 가서 진찰을 받았는데 수술을 받아야 한다는 의사의 말을 듣게 되었다. 그러나 의사에게 교회에서 치유수양회가 있는데 그곳에 가서 기도 받겠다고 답하였다고 한다. 이 얼마나 놀라운 믿음인가? 며칠 후 그녀는 전인치유수양회에 참석하여 온전히 하나님께 맡기고 기도하였다. 그리고 마지막 시간에는 치유기도를 받았다. 그리고 진료를 받을 기간이 되어 병원에 가서 진찰을 받았는데 의사 선생님이 아프지 않느냐고 물어서 전혀 아프지 않다고 하자 이상하다고 하면서 수술을 받을 필요가 없게 되었다고 대답하였다. 할렐루야!

1. 본문을 볼 때 하나님은 어떤 분이라고 생각하십니까?

2. 본문을 통해 나에게 주시는 교훈은 무엇입니까?

3. 본문을 통해 받은 은혜와 감사할 것은 무엇입니까?

적용과 실천

오늘의 기도

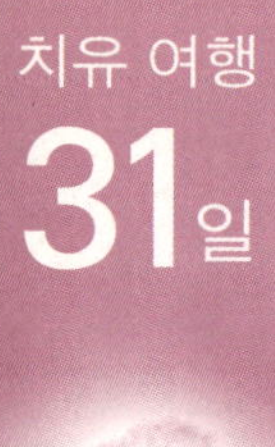

기도에 응답하시는 하나님

년   월   일   새벽 / 저녁

시편 145편 18–19절을 읽고, 깨달은 바를 간단하게 기록하십시오.

하나님께서는 간구하는 모든 자 곧 진실하게 간구하는 자에게 가까이 하시며 경외하는 자들의 소원을 이루시며 그들의 부르짖음을 들으사 구원해 주신다.

그러므로 응답 받기를 원하는 자는 진실하게 간구해야 한다.

또 하나님을 경외할 줄 알아야 한다.

하나님을 경외할 때 하나님께서는 그들의 부르짖음을 들으시고 응답해 주시기 때문이다.

시편 66편18절에서 시편 가자는 "내가 내 마음에 죄악을 품었더라면 주께서 듣지 아니하셨을 것"이라 했다.

그러므로 하나님을 경외해야 한다.

보험을 하시는 60대 남성이 교회에 나오셨다. 그는 수영장에서 수영을 하다가 미끄러지면서 벽을 짚었는데 그 때부터 어깨가 아파서 늘 고통 중에 지내야만 했다. 그런데 그 분이 치유수양회에 참석하게 되었다. 치유수양회 마지막 시간에는 「은혜의 강으로」라는 프로그램이 있는데, 아침부터 강의를 들으며 쓴 뿌리와 견고한 진을 깨닫고 제거한 상태에서 성령 받기를 사모하며 기도하는 시간이다. 이 때 질병이 있는 분들은 치유를 위하여 기도하고 사명을 잃은 사람들은 사명을 되찾는 은혜를 받는 시간으로 뜨거운 기도가 이루어진다. 이 때 수많은 치유의 간증들이 쏟아져 나온다. 바로 이 분도 이 시간에 여러 차례 기도를 받고 그 자리에서 완전히 치유가 되는 은혜를 입게 되었다. 할렐루야!

전능하신 나의 주 하나님은 능치 못하실 일 전혀 없는 분이시다. 나의 영혼을 소생시키시고 내 모든 병을 고치시며 나를 의의 길로 인도하시는 분이시다. 그러므로 나에게 부족함이 없다. 우리도 신앙의 선조들의 신앙을 본받아 하나님의 위대하심을 날마다 선포할 수 있어야 하겠다.

1. 본문을 볼 때 하나님은 어떤 분이라고 생각하십니까?

2. 본문을 통해 나에게 주시는 교훈은 무엇입니까?

3. 본문을 통해 받은 은혜와 감사할 것은 무엇입니까?

적용과 실천

오늘의 기도

나음을 받았도다

년   월   일   새벽 / 저녁

이사야 53장 5절을 읽고, 깨달은 바를 간단하게 기록하십시오.

타락한 아담의 후손인 인간은 원죄로 말미암아 모두가 죄인이다.

게다가 자신 또한 행위로 죄를 지어 변명할 여지가 없는 죄인이다. 그러한 죄인을 구하시기 위하여 하나님의 독생자이신 예수님께서 대속의 십자가를 지심으로 죄만 짓고 아무 공로도 없는 우리가 나음을 입게 되었다.

주님께서 우리의 모든 죄와 죄로 인한 모든 저주를 해결해 주셨기 때문이다.

그러므로 믿음과 확신을 가지고 때를 따라 돕는 은혜를 받기 위하여 은혜의 보좌 앞으로 담대히 나가야 한다.

불면증과 우울증이 치료되다 – 문OO 할머니

우울증을 심하게 앓는 할머니 한 분이 우리 교회 여집사님의 권유로 교회에 나오시게 되었다. 그 분은 우울증이 너무 심하여 자살을 하려고 베란다로 여러 번 갔으나 층수가 낮아 죽지도 않고 병신만 될 것 같아서 뛰어 내릴 수 없었다고 말할 정도로 우울증이 심했다. 그 말을 듣는 순간 안타까운 마음이 들어 예수님을 영접하시면 우울증도 치료 받으실 수 있다고 말씀드리고 예수님을 영접시켜 드렸다. 그리고 치유메뉴얼을 따라 치유를 시작하였다. 그런데 아들이 개인택시를 하기 때문에 낮에도 집에서 잠을 잘 때가 있어서 치유를 하기 곤란할 때는 길에다 차를 세워 놓고 치유를 하기도 하였다. 그리고 그 심각한 불면증과 우울증에서 벗어나 기쁨으로 사시게 되었다. 할렐루야!

하나님께서는 믿는 사람이면 남녀노소 가리지 않고 누구나 치료를 해 주신다. 그러기에 누구나 하나님 앞에 나오기 바란다. 지금까지 믿지 않았던 분도 지금부터 시작하면 된다. 의심이나 걱정을 버리고 나오면 은혜와 긍휼과 자비가 많으신 하나님께서 너그럽게 받아 주심을 믿으시기 바란다.

1. 본문을 볼 때 하나님은 어떤 분이라고 생각하십니까?

2. 본문을 통해 나에게 주시는 교훈은 무엇입니까?

3. 본문을 통해 받은 은혜와 감사할 것은 무엇입니까?

적용과 실천

오늘의 기도

네가 아들을 안으리라

년   월   일   새벽 / 저녁

열왕기하 4장 8-17절을 읽고, 깨달은 바를 간단하게 기록하십시오.

엘리야 선지자의 후계자로 엘리야 선지자의 영감을 갑절이 나 구한 엘리사는 권능을 받고 수넴에 머물 때 그 곳에 한 귀한 여인으로부터 공궤를 받았다.

그는 그 공궤에 감동을 받고 그 여인에게 무엇을 해 줄까를 생 각하다가 아들이 없음을 알고 하나님께 기도하여 아들을 낳게 해 주었다.

이 사건이 우리에게 주는 교훈은 믿음으로 선포하고 나아가는 곳에는 하나님의 능력이 임한다는 것이다.

믿음으로 행하고 의심치 않으면 이러한 놀라운 일들을 늘 보 게 된다.

그러므로 믿음으로 선포하며 나가자.

임신을 하게 되다 – 장○○ 집사

우리 교회에 노총각 화가가 있었는데 서른 네 살에 결혼을 했다. 5년이 지났는데도 아이를 낳지 못하고 있었다. 처음에는 경제적 사정 때문에 아이를 출산하지 않고 있었는데 정작 아이를 낳으려 하자 임신이 잘 되지 않았다. 불안함을 느꼈는지 2005년 4월 14일 봄대심방 때 몇 년 동안 임신을 못하던 여집사가 아이를 낳게 해달라고 기도제목을 내 놓았다.

그래서 믿음으로 기도를 했는데 기도 후 바로 임신이 되어 2006년 1월 27일 아들을 출산하였다. 하나님의 전능하심을 보여주신 분명한 증거이다. 할렐루야!

하나님은 모든 일에 능하신 분이시다. 그러나 어떤 사람들은 은혜를 받을 때만 감격하고 쉽게 하나님의 은혜를 잊는다. 하나님께서는 믿는 자들이 중단 없이 은혜를 체험하기를 원하신다.

한 번으로 만족하지 말라. 은혜는 일평생 계속된다. 우리가 바른 자세를 유지한다면 하나님의 특별한 은혜의 역사는 하루도 멈추지 않고 일어나게 된다. 날마다 간증이 넘치게 된다. 겸손하면 은혜는 멈추지 않고 계속된다.

확인질문

1. 본문을 볼 때 하나님은 어떤 분이라고 생각하십니까?

2. 본문을 통해 나에게 주시는 교훈은 무엇입니까?

3. 본문을 통해 받은 은혜와 감사할 것은 무엇입니까?

적용과 실천

오늘의 기도

오직 나의 영으로 되느니라

년   월   일   새벽 / 저녁

스가랴 4장 6절을 읽고, 깨달은 바를 간단하게 기록하십시오.

포로지에 있는 사람들에게 본국에 귀국하는 일은 꿈만 같은 일이다.

게다가 포로지에서 돌아온 사람들이 본국에 돌아가 성전을 건축하는 일이란 상상도 못할 일이다.

그런데 하나님께서는 스룹바벨에게 말씀하셨다. 만군의 여호와께서 스룹바벨에게 말씀하신다. 이는 힘으로 되지 아니하며 능력으로 되지 아니하고 오직 나의 영으로 되느니라.

참으로 상상하기 어려운 일이 아닐 수 없다. 그러나 전능하신 하나님께서 행하시면 불가능이란 존재할 수 없다.

전능하신 하나님께서는 원하시는 모든 것을 능히 행하실 수 있다.

다운 증후군이 치료되다 – 천○○ 어린이

우리 교회에 어릴 때부터 반주를 해온 반주자가 결혼을 하여 둘째 아들을 낳았는데 다운 증후군 판정을 받았다. 가족들은 청천벽력과 같은 이 말에 얼굴이 파랗게 질리고 말았다. 다운 증후군은 불치병에 가까운 병이다. 진찰 결과 뇌에 석회질이 있어 정상인으로 성장하기 어려울 것이라는 말에 어떤 가족이 놀라지 않을 수 있겠는가?

처음 아이의 얼굴을 보았을 때 정상적인 얼굴과는 다르다는 것을 알 수 있었다. 그러나 가족을 위로하고 주일 오전 예배 후 기도해줄테니 매 주마다 기도를 받으라고 했다. 그리고 기도하면서 날 때까지 기도해 줄테니 계속 기도를 받으라고 했고 그 말에 순종을 하였다. 나는 매 주마다 오전 예배를 마치면 유아실에서 기도를 해주었다. 그런데 기도를 받을 때마다 회복이 일어나기 시작했다. 병원에서는 계속 검사를 진행했고 기도할 때마다 정상으로 회복되는 것을 확인할 수 있었다. 몇 개월 동안 매 주일마다 기도는 계속 되었고 마침내 그 아이는 정상이 되었다. 지금은 그 아이가 완전히 정상일 뿐 아니라 건강하여 유치원엘 잘 다니고 있고 씩씩하게 자라고 있다. 할렐루야!

1. 본문을 볼 때 하나님은 어떤 분이라고 생각하십니까?

2. 본문을 통해 나에게 주시는 교훈은 무엇입니까?

3. 본문을 통해 받은 은혜와 감사할 것은 무엇입니까?

적용과 실천

오늘의 기도

전능하신 하나님

년   월   일   새벽 / 저녁

예레미야 32장 26-27절을 읽고, 깨달은 바를 간단하게 기록하십시오.

예레미야 선지자에게 이스라엘 백성이 이방에 포로가 될 것임을 선포하라고 말씀하신 하나님께서 그에게는 밭을 사라고 하셨다.

포로로 끌려가면 돌아온다는 보장이 없는 당시로서는 이해가 잘 되지 않을 뿐 아니라 이스라엘 백성에게는 오해를 받을 수 밖에 없는 일이었다. 그러나 하나님께서는 깊은 뜻을 가지고 이 말씀을 하신 것이다. 반드시 돌아오게 하시겠다는 사실을 믿도록 하시려는 뜻에서 그렇게 하신 것이다.

하나님께 불가능이란 없다. 우리 인간의 눈에는 불가능하게 보이는 일이라 할지라도 하나님께서 행하시고자 하신다면 얼마든지 역사를 행하실 수 있기 때문이다.

골다공증이 치료되다 – 이○○ 집사

큰 아들과 남편을 잃고 교회에 나온 60대 교우가 집사님이 되셨다. 언제나 믿음 안에서 사시려고 노력하는 모습이 아름답다.

이 분은 큰 아들을 잃고 정신적인 고통 때문에 술을 드셔야만 주무실 수 있었다. 신경을 많이 쓴 탓인지 몸의 여러 부분이 나빠져 있었는데 대학병원에서 수술 받을 날짜를 잡아 놓고도 치유수양회를 통해 치유를 받으신 적이 있는 분이다. 그런데 열린모임에서 기도제목을 내 놓으셨는데 골다공증 치유를 위해 기도해 달라고 하셨다. 열린모임 멤버들은 간절히 기도하였고 하나님께서 기도에 응답해 주셨다.

하루는 열린모임에 나오셔서 간증을 하셨다. 병원에 검사날짜가 되어 검사를 받았는데 의사 선생님께서 완치가 되어 더 이상 오랫동안 복용하던 약을 복용하지 않아도 된다는 말씀을 하셨다고 기뻐하셨다.

이처럼 의학적으로 치유하기 어려운 질병들도 하나님께서 치유해 주시면 간단하게 치유가 일어난다. 하나님의 은혜를 입으면 물질의 손실이나 육체적 정신적 고통 없이 치유를 받을 수 있다. 이 얼마나 놀라운 은혜인가? 할렐루야!

확인질문

1. 본문을 볼 때 하나님은 어떤 분이라고 생각하십니까?

2. 본문을 통해 나에게 주시는 교훈은 무엇입니까?

3. 본문을 통해 받은 은혜와 감사할 것은 무엇입니까?

적용과 실천

오늘의 기도

치료하시는 여호와

년   월   일   새벽 / 저녁

출애굽기 15장 26절을 읽고, 깨달은 바를 간단하게 기록하십시오.

하나님께서는 이스라엘 백성을 향하여 "너희가 너희 하나님 나 여호와의 말을 들어 순종하고 내가 보기에 의를 행하며 내 계명에 귀를 기울이며 내 모든 규례를 지키면 내가 애굽 사람에게 내린 모든 질병 중 하나도 너희에게 내리지 아니하리니 나는 너희를 치료하는 여호와임이라"고 말씀하셨다.

하나님께로 돌아와 예수 님을 영접하고 말씀에 순종하면 하나님께서는 병을 치료해주시고 계속 말씀에 순종하면 질병을 막아 주신다.

전능하신 하나님 아버지께서 고치시면 우리 몸의 질병이 치료된다. 뿐만 아니라 말씀에 순종하는 자들을 위하여 하나님께서는 애굽의 질병 중 하나도 임하지 않게 해 주신다.

늑골 수술 후유증이 치료되다 – 장OO 교우

우리 교회 장OO 교우는 오래 전부터 전도를 받았지만 너무 세상을 좋아하여 교회를 나오지 않다가 수술을 받고 후유증이 심하여 제대로 몸을 움직일 수 없게 되자 부인을 통해 우리 교회 집사님에게 전화를 하여 교회에 나오고 싶다는 말을 전해왔다.

그래서 집사님은 나에게 전화를 하셨고 나는 아내와 집사님과 함께 그 분의 집을 방문하였다. 그리고 바로 예수님을 영접시키고 치유메뉴얼을 따라 치유에 들어갔다. 처음에는 식사를 못하여 기운이 없으므로 몸도 제대로 지탱을 못하고 누워서 예배를 드려야 했다.

그런데 치유과정 4회 만에 치유를 받고 불과 두 달 밖에 안 되어 직장생활까지 하며 하나님의 은혜에 늘 감사하며 살고 계신다. 참으로 놀라우신 하나님의 은혜를 찬양하지 않을 수 없다. 그는 남은 생애 지난날 자신의 과거처럼 사시는 분들을 인도해 보시려고 노력하고 사신다.

1. 본문을 볼 때 하나님은 어떤 분이라고 생각하십니까?

2. 본문을 통해 나에게 주시는 교훈은 무엇입니까?

3. 본문을 통해 받은 은혜와 감사할 것은 무엇입니까?

적용과 실천

오늘의 기도

네 아들을 데리고 가라

년   월   일   새벽 / 저녁

열왕기하 4장 32-37절을 읽고, 깨달은 바를 간단하게 기록하십시오.

아들이 없었던 수넴 여인이 엘리사의 기도로 늦게 아들을 얻었지만 그 아이는 공교롭게도 어린 나이에 죽고 말았다. 수넴 여인은 그 아이가 죽자 남편에게도 알리지 않고 나귀를 타고 하나님의 사람 엘리사에게로 달려갔다. 그리고 평생에 자식이 없을 것이라고 생각하던 그녀에게 기대하지도 않던 아들을 기도로 낳게 해주어 자신을 속였느냐고 말한다. 일생에 자식이 없을 것으로 알고 살던 자신에게 왜 자식을 낳게 해주어 이런 엄청난 슬픔의 고통을 당하게 하느냐는 말이다. 그 말을 들은 엘리사는 사환 게하시에게 자신의 지팡이를 주면서 그 지팡이를 아이에게 놓으라고 지시했다. 그러자 그 여인은 함께 가지 않으면 엘리사 선지자를 떠나지 않겠다고 말하므로 엘리사 선지자는 그녀의 집에 가서 아이가 살아나도록 하였다.

병원 심방을 가고 있는 나와 나의 아내에게 긴급한 전화가 걸려왔다. 집사님의 며느리가 아기를 낳다가 아이가 무호흡이 되어 중화동에 있는 산부인과에서 상계백병원으로 이송했다는 비상전화였다.

나의 아내는 급히 향하던 병원에 연락을 취했고 나는 급히 상계백병원으로 차를 돌렸으며 이어 나는 아내에게 성도들에게 긴급 기도요청문자를 보내도록 했다.

나와 나의 아내는 신생아가 입원 중인 병원으로 기도하며 차를 몰고 달려갔다. 손에 땀을 쥐게 하는 순간이었다. 병원에 도착해 보니 호흡이 돌아왔다. 그러나 목에서 출혈이 있기 때문에 중환자실에 입원을 하고 지켜보아야 한다고 했다. 일단 안도하며 생명을 살려주신 하나님께 감사의 기도를 드렸고 신속한 회복을 위해 기도해 주었다.

이 일을 계기로 젊은 부부는 믿음이 더 성장했다. 그리고 그 아이는 지금 건강하게 자라 교회에 부모와 함께 출석하여 재롱을 부리고 있다. 하나님께서 모든 것을 합력하여 선을 이루게 하심을 다시 한 번 감사를 드린다.

확인질문

1. 본문을 볼 때 하나님은 어떤 분이라고 생각하십니까?

2. 본문을 통해 나에게 주시는 교훈은 무엇입니까?

3. 본문을 통해 받은 은혜와 감사할 것은 무엇입니까?

적용과 실천

오늘의 기도

그 눈들이 밝아진지라

년   월   일   새벽 / 저녁

마태복음 9장 27-31절을 읽고, 깨달은 바를 간단하게 기록하십시오.

주님의 능력은 한이 없어서 모든 병을 치료하신다. 본문을 보면 두 맹인이 눈을 고침 받기 위해 예수님께 나왔고 예수님께서는 "내가 능히 이 일 할 줄을 믿느냐"고 물으시고 그들이 "그러하오이다"라고 대답하자 그 자리에서 눈을 치료하사 보게 해주셨다.

우리는 여기서 두 맹인을 통해 다음과 같은 교훈을 받을 수 있다.

주님께 치료를 받기 원하는 사람은 고침을 받기 위해 주님 앞으로 나와야 하며 주님께서 고쳐 주실 것이란 믿음의 고백을 해야 고침을 받을 수 있다.

큰 어려움을 통해 교회에 스스로 발걸음을 옮기신 한 분이 계셨다. 첫 번 예배에 참석하신 후 상담을 하였다. 상담 중에 깨달은 바가 있어 그 다음 주에 등록을 하셨고 등록을 하신 날 예수님을 영접하고 큰 은혜를 체험하셨다. 그리고 열심히 훈련을 받고 신앙 생활을 하여 교회 등록한 지 2년이 되던 해에 권찰 직분을 받았다. 어려운 문제로 큰 고통을 겪고 있었지만 계속 상담을 통해 위로를 받고 말씀을 통해 은혜를 받고 훈련을 통해 신앙을 성장시키며 견디어 냈고 마침내 해결될 가능성이 보이지 않던 문제가 해결 되었다. 우리 교회는 이런 분들이 나와 극적인 은혜를 체험하신 분들이 여러분 계신다. 하루는 금요기도회에 참석을 하였는데 앞이 잘 안 보인다고 기도제목을 내 놓으셨다. 기도회를 마치고 안수기도를 해 드렸다. 그리고 자리에 들어 가 앉는 것을 보고 어떠냐고 묻자 마찬가지라고 하였다. 그래서 또 다시 나오게 하여 기도를 하고 그러기를 다섯 번 까지 하자 시력이 회복되었다. 할렐루야!

하나님께서는 우리의 믿음을 보신다. 확실한 믿음이 될 때까지 우리를 훈련시키기도 하신다. 하나님께서 훈련시키실 때 은혜로 잘 받으면 놀라운 일을 보게 된다.

1. 본문을 볼 때 하나님은 어떤 분이라고 생각하십니까?

2. 본문을 통해 나에게 주시는 교훈은 무엇입니까?

3. 본문을 통해 받은 은혜와 감사할 것은 무엇입니까?

적용과 실천

오늘의 기도

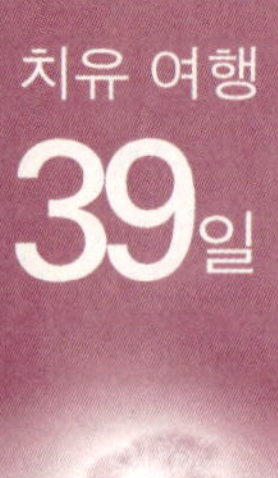

무엇이든지 원하는 대로 구하라

년   월   일   새벽 / 저녁

요한복음 15장 7절을 읽고, 깨달은 바를 간단하게 기록하십시오.

주님께는 못 고칠 질병이 없다. 우리가 고침을 받지 못하는 것은 믿음이 없어 구하지 않기 때문이요 구하여도 얻지 못함은 정욕으로 쓰려고 잘 못 구하기 때문이다(약 4:2-3).

하나님은 구하는 자에게 반드시 응답해주신다. 본문을 보면 "너희가 내 안에 거하고 내 말이 너희 안에 거하면 무엇이든지 원하는 대로 구하라 그리하면 이루리라"고 말씀하신다(요일 3:21-24참조).

하나님의 응답하심에는 제한이 없다. 다만 하나님의 뜻과 상관없이 자신의 정욕을 위해서 잘못 구하는 경우는 예외이다. 하나님의 뜻에 합당하다면 무엇이든지 구하는 것을 응답 받을 수 있음을 확신해야 한다.

한 번은 극동방송 소망의 기도를 듣고 마음에 감동이 와서 전화를 걸었다고 하면서 알지 못하는 여자 전도사님이 전화를 걸어 왔다.

전도사님은 허리를 쓰지 못해 침대에 누워 생활하다 시피 하고 있었다.

화장실 출입도 하기 어려우며 그래도 어쩔 수 없어 억지로 화장실 출입과 식사만 해결하고 대부분의 시간을 누워서 생활한다면서 극동방송을 밤낮 청취하고 있다고 했다.

장시간 사정을 듣고 몇 차례 상담과 기도를 하였다.

그런데 하나님께서 치유를 해주셔서 지금은 교회에서 사역을 하게 되었노라고 감사의 전화를 걸어 왔다. 할렐루야!

1. 본문을 볼 때 하나님은 어떤 분이라고 생각하십니까?

2. 본문을 통해 나에게 주시는 교훈은 무엇입니까?

3. 본문을 통해 받은 은혜와 감사할 것은 무엇입니까?

적용과 실천

오늘의 기도

예수님의 이름으로 구하라

년   월   일   새벽 / 저녁

요한복음 14장 12–14절을 읽고, 깨달은 바를 간단하게 기록하십시오.

하나님께서 우리에게 주신 큰 축복 가운데 하나는 예수님의 이름의 권세이다. 예수님의 이름은 마스터 키와 같아서 모든 문제를 향하여 예수님의 이름으로 명령하면 해결 되는 놀라운 일을 보게 된다.

본문을 보면 "내가 진실로 진실로 너희에게 이르노니 나를 믿는 자는 내가 하는 일을 그도 할 것이요 또한 그보다 더 큰 일도 하리니 내가 아버지께로 감이라"고 말씀하셨고 또 "너희가 내 이름으로 무엇을 구하든지 내가 행하리니" "내 이름으로 무엇이든지 내게 구하면 내가 행하리라"고 말씀하셨다.

따라서 우리가 이 사실을 믿는다면 주님께서 행하신 일을 행할 뿐 아니라 주님께서 행하신 일보다 더 큰 일도 가능함을 믿고 행해야 한다.

두통과 허리통증과 반신마비가 치료되다 – C국 OOO

C국 북방신학교에 2008년도에 이어 두 번째 강의를 하게 되었다. 작년에는 처음이라 헬라어 강의를 맡았었다. 그런데 원어 강의보다 더 시급한 요청에 의해 금년에는 20여 년 동안 준비해온『치유와 상담』과목을 담당했다. 지금까지 우리 교회에서 펼쳐 오던 치유사역을 해외에서 처음으로 시도하는 기회가 되었다. 국내에서는 극동방송에서 특집으로 한 번 나간 것을 제외하고는 교재출판을 이유로 모든 집회를 사실상 사양해 왔다. 가장 큰 이유는 한국교회가 치유에 대하여 많은 상처로 부정적인 생각을 가지고 있었기 때문이다. 하나님께서는 오랜 시간동안 고민하며 기도하는 필자에게 매뉴얼을 주셨다. 그럼에도 불구하고 한국교회의 이러한 정서 때문에 사실상 이 매뉴얼을 내 놓는 데는 엄청난 용기가 필요했다. 요즘은 평신도가 치유사역을 해도 목회자들이 그곳에 몰려간다. 그러나 신학적인 이해가 부족하므로 많은 분들이 상처를 받는 것을 보면서 더 이상 지체할 수 없다는 생각을 하게 되었다. 이러한 교재를 한국교회도 아닌 중국에서 하게 된 것은 전적으로 하나님의 은혜였다. 한 주간의 강의 일정이었고 오전만 했기 때문에 교재 1권 밖에는 할 수가 없었다. 그러나 은혜 가운데 강의를

마치고 마지막 시간에는 안수기도를 하였다. 그리고 그 날 여러 사람이 치유를 받게 되었다. 그중 한 사람은 두통과 허리의 통증 그리고 반신마비가 치유 되었음을 간증했다. 하나님의 은혜가 너무나도 감사했다. 통역을 맡으신 분의 말에 의하면 과거 자신이 처음 예수님을 믿을 당시에는 역사가 많이 일어났지만 지금은 전혀 일어나지 않고 있다고 안타까워했다. 강의가 시작된 첫 시간에는 치유에 대하여 강의하자 전혀 반응을 보이지 않았다. 그리고 의아하다는 표정으로 필자를 바라보았다. 그러나 첫 시간이 지나면서 분위기는 변하기 시작했다. 치유사역이 예수님의 3대사역이었으며 예수님의 사역 중 치유사역이 약 70%였다는 말과 현대는 감성의 시대로 현대인들은 감성적인 것에 목말라한다는 말을 들으면서 치유사역의 중요성에 눈을 뜨기 시작했다. 강의에 대한 반응은 점차 뜨거운 열기로 가득하게 되었다. 그리고 여기저기서 뜨거운 눈물을 흘리는 분들이 나오기 시작했다. 성령께서 만져주시는 것을 느꼈다. 나는 강의 내내 하나님께서 C국에서 치유사역을 시작하게 하신 은혜를 감사드렸다. 그리고 유럽의 교회들을 자꾸만 보게 하심을 느꼈다. 에스겔 선지자에게 골짜기의 마른 뼈들을 보게 하셨던 하나님께서 죽어가는 영혼들을 보게 하신다. 할렐루야!

1. 본문을 볼 때 하나님은 어떤 분이라고 생각하십니까?

2. 본문을 통해 나에게 주시는 교훈은 무엇입니까?

3. 본문을 통해 받은 은혜와 감사할 것은 무엇입니까?

적용과 실천

오늘의 기도

주여! 감사하고 찬양합니다

야오쑤씬

사랑하는 주 예수님 감사와 찬양을 드립니다. 하나님께서 이 죄인을 불러 주시고 사망에서 구원해 주시오니 감사하고 찬양합니다.

하나님 오늘도 사랑으로 불러주시고 거룩한 성산에 와서 은혜의 말씀을 듣게 하시고 이전에 모르던 하나님에 대한 지식을 알게 하시고 또한 육체의 질병을 치료하여 주심을 감사합니다.

허리 아픔이 사라지고 신장, 위, 장, 편도선(후두염), 부인과도 치료 되었습니다. 모든 영광을 하나님께드립니다.

주여! 감사하고 찬양합니다.

북방신학교에서 배운 모든 것들이 다 견고한 믿음을 주고, 하나님의 말씀에 순종하게 했습니다. 하나님의 말씀으로 질병을 치료할 뿐 아니라 대자연도 치료할 수 있습니다. 또한 질병에는 3가지 원인 사탄, 죄, 하나님의 영광 때문이라는 것을 깨닫게 하신 하나님 감사합니다.

현재 교회는 가르치고 전도하는 것만 중시하고 치유에 대하여
는 아직 어떻게 해야 하는지 모르는데 하나님 이런 은혜를 내게
주셔서 감사합니다. 치유 사역을 위해 먼저 영적인 청결, 100% 믿
음준비, 하나님의 말씀준비, 영적 권능준비, 주님의 보혈을 잘 의
지하게 해주시고, 환자도 믿음과 하나님의 말씀을 잘 받아들이고
하나님 말씀에 순종하며 죄를 멀리하게 하옵소서. 이후에도 학습
과 과제를 부지런히 배우고 무장하게 하시고 하나님을 위하여 저
의 본분을 다하며 몸과 마음을 하나님께 드리게 하옵소서. 하나님
사용하여 주옵소서. 감사와 찬양을 드립니다.. 모든 영광을 하나
님께 드립니다.

크나 큰 은사를 깨닫게 되었습니다

추이 쯔 룽

하나님께 감사를 드립니다. 저는 몇 일간의 학습을 통하여 크
나큰 은사를 깨닫게 되었습니다. 정말로 높이 열린 하늘의 창으로
인하여 하나님께 감사합니다. 저는 사물을 분별하는 분별의 근원

을 알고 나 자신의 부족함을 진정으로 회개하게 되었습니다. 하나님을 가까이 하고 하나님과의 교제와 자신을 맡김으로 하나님께서 친히 함께하심을 알게 되었습니다.

저는 지금까지 여러 해 예수님을 믿어 왔지만 제 자신의 영과 육의 문제를 해결하지 못함은 물론 사역에 효과도 없었습니다. 그러나 오늘 하나님의 사역자를 통해 하나님의 말씀을 의지하고 나갈 때 복음화가 이루어진다는 사실을 들었습니다. 정말로 하나님께 감사를 드립니다. 성령 하나님이시여, 함께 하옵소서. 모든 영광을 하나님께 돌려 드립니다.

치유의 중요성을 알게 해주셨습니다

군해

하나님께서 우리 가운데 역사하심을 느끼게 되었습니다. 그리고 예수님의 3대 사역을 통하여 치유의 중요성을 알게 되었습니다. 이것은 하나님의 뜻이고 우리 하나님께서 친히 하시는 일이며, 우리가 다 참여하고 행하여야 할 일임을 알았습니다. 이것은 하나님을 기쁘시게 하는 일이며 명령임도 알았습니다. 더욱 깨닫게 된 것은 첫째도 겸손이요 둘째도 겸손이요 셋째도 겸손이라는 것과 질병의 원인을 알았습니다. 그리고 확신하고 순종할 때 기적이 나타남도 알았습니다.

십자가의 보혈로 우리의 죄악을 사하여 주시고 우리를 준비시켜 주시는 주님! 우리를 통해 주 예수님의 이름과 권세와 능력과 확신과 생명이 나타나기를 원합니다. 학습을 통하여 하나님을 향한 나의 생명이 자라남을 느끼며 나의 질병이 치료된 것을 확신합니다. 하나님께 영광을 올려 드립니다. 할렐루야!

생명의 길로 인도하시고 가르쳐주십니다

○○○

학습을 통하여 치유와 상담이 얼마나 중요한지, 치유 사역이 얼마나 교회에서 중요한지를 알게 되었고, 예수님의 3대사역의 뜻과 명령을 알게 되었습니다. 교회가 부흥하려면 반드시 예수님의 치유사역이 회복되어야 함도 알았습니다.

하나님께로부터 부르심을 받은 우리가 하나님의 은혜를 입고 이번 학습기회를 통하여 다른 사람을 치유할 수 있는 사역자가 되게 하사 고통과 질병에 시달리고 있는 사람들을 치유케 하시고 더욱 더 많은 사람들로 하여금 친히 하나님의 사랑을 맛볼 수 있게 하시며 하나님 앞에서 죄에 매인 사람들을 자유케 하시어 교회가 부흥되게 하옵소서.

하나님께서는 개개인의 마음을 아시고 품으시고 생명의 길로 인도하시고 가르쳐 주심 감사합니다. 하나님 앞에 만족과 기쁨 그리고 영원한 복이 있기를 원합니다. 아멘!

두통과 암을 즉시 사라지게 하신 주님

류봉진

학습을 통해 내가 갓난아이라는 것 곧 성장하지 못했다는 것을 알게 되었습니다. 하나님의 사역자가 오셔서 영적인 눈을 뜨게 해주셨고 나의 성장하지 못한 원인을 알게 되었습니다. 그것은 나 자신이 하나님의 가르치심의 방향을 완전히 깨닫지 못했으며 그로 인하여 교회의 부흥이 일어나지 못했다는 것입니다. 나는 질병이 있지만 하나님께서 나에게 두 번째 생명을 주셨습니다.

나에게 항상있는 두통과 위암을 김웅렬 목사님의 안수기도를
통하여 즉시 사라지게 하신 하나님 감사합니다. 모든 영광을 하나
님께 돌립니다.

치유의 효과를 알게 되었습니다

ㅇㅇㅇ

할렐루야!

이번 기회에 치유의 권능과 사역을 알게 되었습니다. 몇 년 간
치유의 중요성을 몰랐고 또한 이 방면의 은사를 무시하였습니다.
치유의 효과를 몰랐습니다. 목사님의 강의를 통하여 질병은 사탄,
죄, 하나님의 영광 때문에 온다는 것을 깨달은 것이 너무나 중요
하고 또 치유는 소그룹으로 하고 모든 영광을 하나님께 돌려야 한
다는 것도 알게 되었습니다. 하나님 저도 일생동안 하나님의 사역
을 하게 도와 주옵소서.

하나님의 역사가 나를 통하여…

왕 웬 지에

　치유의 은사를 체험하게 하시고 나로 하여금 치유사역의 중요성을 깨닫게 하신 하나님께 감사드립니다.

　치유는 하나님의 3대 사역 중 하나임과 하나님의 능력과 권능과 기사 그리고 하나님께서 자신의 자녀들에 대한 사랑의 증명임을 알게 되었습니다. 치유는 세상 사람으로 하여금 하나님과 하나님의 나라의 임재를 알게 하고 복음전파의 기회가 됩니다. 진심으로 하나님을 사랑하는 자는 모두가 치유를 받고 귀신을 쫓아내는 은사가 있습니다. 주님! 저도 이런 은사를 받고 싶습니다. 일상생활에서 하나님의 역사가 나를 통하여 나타나기를 바랍니다. 세상 사람들에게 나의 좋은 성향과 행동을 통하여 하나님의 영광을 드러내기를 소망합니다.

내면을 준비해야 역사가 일어난다

리쑤메이

하나님의 은혜에 감사합니다.

며칠간의 학습이 나로 하여금 치유사역의 중요성을 깨닫게 하였습니다. 치유사역에 대하여 모르기 때문에 우리가 중요하게 여기지 않았습니다. 이제는 치유사역 중 반드시 준비될 조건은 100% 믿음임을 알았습니다. 그래야만 하나님의 역사가 일어납니다. 완전히 하나님께 순종하고 인도함을 따르고 하나님의 말씀과 믿음으로 기도할 수 있게 하옵소서. 하나님께서는 자신의 계획대로 이루십니다. "순종이 제사보다 낫고 듣는 것이 숫양의 기름보다 낫다"는 말씀처럼 우리가 사역 중 오직 순종하고 하나님의 인도하심을 따를 때 하나님의 3대 사역이 이루어짐을 알게 해주셔서 감사합니다. 할렐루야!

새롭게 일어섰습니다!

린허쉐이

몇 년 전 저는 척추병으로 인하여 반신불구자가 되었습니다. 집은 농촌인데 아무 일도 못합니다. 생활자립도 못하는 형편입니다. 오른쪽 절반이 마비상태입니다(숟가락 젓가락질도 못할 정도). 몸은 얼마나 괴로운지 하늘이 무너지고 땅이 꺼질 것만 같은 마음상태입니다. 나는 기도했지만 효과가 없었습니다. 그런데 학습 후 알았습니다. 마음 상태가 준비되지 않았다는 것을…

김응렬 목사님이 성령님 인도하심의 손으로 안수기도 하실 때 함께 기도했습니다.

하나님 감사합니다. 안수기도 후, 반신불수로 걸어 다닐 수 없었고 혼자 설 수 없었던 몸이 많은 사람들이 보는 가운데 하나님의 권능과 사랑으로 새롭게 일어섰습니다.

모든 영광을 하나님께 돌립니다. 할렐루야!

우상숭배 죄악으로부터 완전히 자유됨

이종숙

저는 우상으로 찌들어 있는 장씨 집안으로 시집을 와서 하나님의 은혜로 구원을 받아 오늘까지 하나님의 크신 은혜 가운데 살고 있습니다.

저는 8남매를 낳았는데 그 중 큰 아이가 우물에 빠져 생명을 잃었고 막내 아이가 웅덩이에 빠져 목숨을 잃는 바람에 정신이상이 되어 고통을 당하고 있었고 당시 저의 가정은 벼랑 끝에 내몰려 파산 직전에 있었는데 하나님의 은혜로 고침을 받고 회복되었습니다. 그 은혜는 말로는 표현할 수 없습니다. 이 생명이 다하더라도 잊을 수 없는 은혜입니다. 저는 기도할 때마다 감사를 잊지 않고 있습니다.

그리고 우리 교회에 주신 치유시스템을 보며 놀라움을 금하지 못하고 있습니다. 하나님께서 목사님을 통해 저희 교회를 이 시대에 가장 건강한 교회로 쓰시겠다는 말씀을 들려 주셨을 때 얼마나 가슴이 뭉클하고 설레었는지 모릅니다.

지난 번 내적치유수양회를 통해 너무도 큰 은혜를 경험했는데 그것은 그 치유수양회 때 늘 마음 속에 걸림돌로 남아 있었던 우상승배의 죄악으로부터 완전히 자유함을 누리게 된 것입니다. 그 은혜는 말로 표현할 수 없을 정도로 저를 기쁘게 만들었습니다. 할렐루야!

주님이 주시는 말씀을 붙들고

이영희

할렐루야!

지난 날 한없이 부족하기만 했던 저를 인도해 주신 하나님께 진심으로 감사와 영광을 올려 드립니다. 저는 주님을 인격적으로 만나지 못하여 인생을 방황하며 살았습니다. 저의 친정은 우상숭배에 빠져 있습니다. 저의 친정어머니는 절의 지주이며 신도회 회장직을 지금도 맡고 있습니다. 저도 교회에 나오기 전에는 사탄의 유혹으로 잘못된 종교에 빠져 10여년을 보내며 말로 다할 수 없는 고통과 좌절을 겪게 되었습니다. 가까운 이웃과 형제도 멀어져 갔고 가정은 하는 일마다 어렵게 꼬여만 갔습니다. 남편은 허리를 다쳐 심한 고생을 하게 되었고 거짓종교에 속아 물질의 고통도 점점 심해져 갔고, 육신은 병이 들어 걸어 다니는 종합병원이라고 할 만큼 각종 질병에 시달리게 되었습니다. 정신적으로 우울증에 시달려야 했고 어깨는 염증이 생겨 팔을 들기도 힘들게 된 데다 밤중에는 통증으로 잠을 이루지 못하고 뜬 눈으로 밤을 새울 때도 있었습니다.

설상가상으로 자궁에는 자궁근종이라는 암이 발생하여 실낱 같은 희망조차 없는 삶을 살아야 했습니다. 이러다 보니 현실의 어려움으로 좌절하게 되고 저 자신을 자꾸만 학대하게 되었으며 현실에서 도피하려는 생각을 수 없이 하게 되었습니다. 너무도 고통이 심하여 차라리 더 아파서 이대로 죽었으면 정말 좋겠다는 생각을 하며 어금니를 물고 고통을 참기도 했습니다.

육의 고통도 고통이지만 영의 고통이 더욱 심하여 가끔 혼수상태가 오기도 했는데 그럴 때 간간히 처녀 때 읽었던 성경구절이 떠오르기도 했습니다. 저는 한 마디로 꿈도 희망도 없이 폐인에 가까운 삶을 살고 있었습니다. 잘못된 종교가 저로 하여금 인생의 모든 것을 잃게 만든 것입니다.

그러던 중 같은 동네에 사시는 조도연 강미순 부부집사님의 전도를 받게 되면서부터 정신을 차려야 하겠다는 생각을 하게 되었습니다. 나도 저 집사님 부부처럼 살아야 하겠다고 생각했습니다. 그러던 중 정재양 집사님을 소개 받았는데 그 집사님을 보며 신앙생활을 해야겠다는 생각을 더욱 굳히게 되었습니다.

그러나 막상 교회에 나오려 하자 의심이 생기기 시작했습니다. 이번에도 지난 번에 속았던 것처럼 잘못된 신앙에 속으면 어쩌나 하는 불안 때문이었습니다. 그러나 조집사님 내외의 신실한 모습과 행복한 삶을 보며 저는 현실과 미래에 대해서 생각하게 되었습니다. 그리고 이제는 살아야 하겠다는 생각으로 병원을 찾기 시작했습니다. 병원에 입원도 하고 병원을 옮겨 다니면서 치료도 받아 보았습니다. 그러나 별 차도가 보이지 않았습니다. 그래서 병원을 포기하고 주님께 의지하기로 마음먹었습니다. 기왕에 믿을 바에는 확실한 은혜를 체험하고 간증하며 살아야 하겠다는 생각이 들었기 때문입니다.

저는 주님께서 주시는 말씀을 붙들고 모든 것을 내려놓기로 마음먹었습니다. 그러나 주님을 의지하는 방법을 몰라 고민하고 있을 때 열린모임에 가자는 말을 듣게 되었고 열린모임에 따라가게 되었습니다. 열린모임에 참석하면 할수록 은혜가 넘쳐났습니다. 그리고 그곳에서 성령의 충만함을 받게 되었습니다. 열린모임에 참석하여 복음에 관하여 들으면 들을수록 "내가 붙잡아야 할 것이 바로 이것이다” 하는 생각이 들었습니다.

저의 마음에 자리 잡고 있던 의심이 점차 안개 사라지듯 사라지기 시작했습니다. 그리고 어느 날부터인가 확신이 오기 시작했습니다. 그 때부터 제 마음에는 평안과 기쁨이 오기 시작했습니다. 행복이 느껴지기 시작했습니다. 너무나 행복해서 행복이 절제가 안된다는 말을 자주했습니다.

그리고 전인적치유수양회를 가기 위해 목사님의 말씀에 따라 일주일 동안 금식기도를 하게 되었는데 그렇게 기쁠 수가 없었습니다. 드디어 수양회 전날 저는 수양회 장소를 준비하는 팀과 함께 가서 목사님의 인도로 땅 밟기 기도라는 것을 하게 되었습니다. 그후 제 몸에 변화가 일어나기 시작했습니다. 온 몸이 뜨거워지면서 아프던 어깨는 견딜 수 없을 정도로 근질거리기 시작했습니다. 저는 그것이 무엇인지 전혀 알지 못했습니다.

그리고 수양회를 참석하였습니다. 그런데 첫 시간부터 주체할 수 없는 눈물이 흘러내리기 시작했습니다. 창피해서 억지로 참으려 해도 흘러내리는 눈물을 주체할 수 없었습니다. 수양회에서 저는 제 일생에서 가장 큰 은혜를 경험했습니다. 말씀 말씀이 그렇게 좋을 수가 없었습니다. 모두가 은혜가 되었습니다. 가슴이 뜨거웠고 아프던 어깨는 계속해서 근질거려 견디기 어려웠습니다.

집에 돌아왔는데도 그 현상은 계속되었습니다. 열린모임에 제가 전도한 베스트 의사가 나와서 물어보았더니 그러한 현상은 치료가 될 때 나타나는 증상이라고 하였습니다(호전반응). 저는 뛸 듯이 기뻤습니다. 그리고 치료가 되었습니다. 자궁에 나 있던 혹도 치료가 되어 버렸습니다. 제 베스트 물리치료사가 제가 믿음으로 병을 고칠 것이라고 했을 때 저를 보고 미쳤다고 했는데 지금은 저를 보고 그럴 수도 있다고 말합니다. 할렐루야!

저는 지금 말로 다할 수 없이 행복함을 느낍니다. 불과 몇 개월 전만 해도 제 인생은 너무 비참했습니다. 그러나 지금은 아닙니다. 지금은 전혀 다릅니다. 지금은 더 없이 행복할 뿐입니다. 이 모든 것이 하나님의 은혜인 줄 믿습니다. 저를 낫게 하신 하나님께 감사와 영광을 올려 드립니다. 그리고 저를 인도해 주신 조집사님 내외분과 정집사님께 감사를 드리고 저의 생명을 살려주시기 위해 밤낮 쉬지 않고 애쓰시는 저의 스승님이신 목사님과 내조하시는 사모님께 이 자리를 빌어서 감사를 드립니다. 감사합니다.

신앙생활은 유일한 위안이자 돌파구

이숙

저는 지난 날 하나님을 모르고 일만 하며 세상을 살았습니다. 그것이 인생을 사는 것이라 생각했기 때문입니다.

그러다가 1997년 저의 가정에 감당할 수 없는 무서운 시련이 닥쳐왔습니다. 그 일로 인하여 저와 저의 남편은 큰 실의에 빠지고 말았습니다. 저의 남편은 이 일로 병을 얻게 되었고 저는 3년 동안 병간호를 하면서 지칠 대로 지친 상태에서 주님을 찾게 되었습니다. 목사님과 사모님 두 분의 인도로 주님을 알게 되었고 믿음생활을 하게 되었습니다. 당시 무엇 하나 의지할 수 없는 저로서는 신앙생활은 유일한 위안이자 돌파구였습니다. 주님을 알아가면 알아갈수록 마음은 평안해졌고 감사와 기쁜 마음이 생기기 시작했습니다.

저의 남편은 믿음 안에서 천국으로 주님의 부르심을 받게 되었고 장례식을 통해 저는 주님의 사랑을 또 다시 크게 느끼게 되었습니다. 주님을 만나게 된 것은 제 인생의 최대의 행복이며 무엇과도 바꿀 수 없는 축복이며 기쁨입니다.

　그리고 전인적치유수양회는 제 인생에 가장 큰 은혜를 체험하는 순간이었습니다. 말씀 말씀이 은혜와 감동이 되었으며 제 몸에 질병이 치유되는 기적을 보게 되었습니다. 평소에 허리가 좋지 않아 오래 앉아 있지를 못했는데 하나님의 은혜로 치유수양회 10시간 동안을 앉아 있게 되었고 그 날 치유가 되었습니다.

　그리고 팔이 아파 제대로 움직일 수가 없었는데 그 날 치유가 되어 이렇게 회복이 되었습니다. 하나님의 말씀과 예수님의 이름으로 치유를 받은 것입니다.

　저는 지난날 사랑의 예수님을 알지 못하고 산 것이 그렇게 후회스럽기만 합니다. 앞으로 제 생명이 다하는 날까지 주님을 섬기며 복음을 전하며 살 것을 굳게 다짐합니다. 할렐루야!

금번 40일간의 치유여행은 그동안 치유의 역사 중 정확하진 않지만 극동방송을 듣고 기도를 받은 원OO 전도사님과 마지막 C국 치유사역을 제외하고는 치유 된 순서대로 엮어 보려고 노력을 해 보았다.

계속해서 다음 권에서 그 후에 일어난 치유의 역사를 다루도록 하겠다.

변비와 아토피 피부병 열병 소화불량 혈압 심장병 치질 장막힘 신종플루 등 하나님께서는 실로 다양한 분야에 걸쳐서 역사해 주셨다.

그리고 교회를 건축할 때에 수많은 기적을 체험한 것을 기회가 되면 다시 한 번 책으로 엮어서 은혜를 나누기를 원한다.

김응렬 목사

말씀 · 기도 · 믿음(Cord of Three 세겹줄)을 통한

강력 치유 훈련

김응렬 목사 지음

"…이 교재가 널리 활용되어 치유사역의 바른 정립이
이루어지고, 치료자 되시는 하나님을 드러낼 수 있길 바랍니다"
-극동방송 이사장 김장환 목사 추천사중에서-

"하나님께서는 모든 교회,
모든 목회자, 모든 성도가
예수님의 3대 사역
(전파하고 / 가르치고 / 치유하는)을
균형있게 실행하길
원하십니다!"

김응렬 편저 | 205면 | 스프링제본

훈련문의 070-8863-0675

성령님과 함께하는
40일간의 치유 여행

제1판 발행 2010년 1월 15일

지은이 김응렬
발행인 김용호
발행처 나침반출판사
등 록 1980년 3월 18일 / 제 2-32호
주 소 110-616 서울 광화문 사서함 1641호
전 화 본사 (02)2279-6321~3 영업부 (031)932-3205
팩 스 본사 (02)2275-6003   영업부 (031)932-3207

www.nabook.net
nabook@korea.com
nabook@nabook.net

ISBN   978-89-318-1414-9   03230
책번호   타-1006

· 값은 뒷표지에 있습니다.
· 잘못 만들어진 책은 구입처나 본사에서 바꿔드립니다.

나침반출판사는 우리를 구원하신 아름다운 주님을
21세기 문명의 이기(利器)를 통하여 널리 전하고 싶습니다.